高等院校财会专业系列教材

财会商圈实训指导

（第二版）

主　编　郑春晓　盛　洁
副主编　李雪净　梁燕瑜　何双希
　　　　龙凤好　刘洋洋

微信扫码
查看更多资源

南京大学出版社

图书在版编目(CIP)数据

财会商圈实训指导 / 郑春晓,盛洁主编. — 2 版.
— 南京 :南京大学出版社,2021.7
ISBN 978 - 7 - 305 - 24675 - 3

Ⅰ.①财… Ⅱ.①郑… ②盛… Ⅲ.①财务软件一教
学参考资料 Ⅳ.①F232

中国版本图书馆 CIP 数据核字(2021)第 130301 号

出版发行　南京大学出版社
社　　址　南京市汉口路 22 号　　　邮编　210093
出 版 人　金鑫荣

书　　名　**财会商圈实训指导**
主　　编　郑春晓　盛洁
责任编辑　武坦　　　　　　　　编辑热线 025 - 83592315
照　　排　南京开卷文化传媒有限公司
印　　刷　南京京新印刷有限公司
开　　本　787×1092　1/16　印张 11　字数 241 千
版　　次　2021 年 7 月第 2 版　2021 年 7 月第 1 次印刷
ISBN　978 - 7 - 305 - 24675 - 3
定　　价　39.00 元

网　　址:http://www.njupco.com
官方微博:http://weibo.com/njupco
微信服务号:njuyuexue
销售咨询热线:(025)83594756

前　言

　　《财会商圈实训指导》是针对财会商圈软件平台专门设计的,是财会商圈综合实验课程的配套教材。财会商圈是一款跨行业综合性仿真模拟实训平台,仿真生产企业、商业企业、物流企业、贸易企业、卖场、酒店服务业,以一个完整的产业链为线影射出现代商业社会中不同行业、不同规模企业中典型的业务模型,使学生能以多维的角度宏观地了解整个产业链以及企业内部跨部门的业务流转。同时,财会商圈也是一款跨专业的综合实训平台,将会计学、审计学、税务、财务管理、人力资源管理、行政管理等工商管理类专业和经济学类专业结合起来,通过不同的业务模型,将企业与外部服务机构(如税务、银行、工商、会计师事务所等)有机地联系起来,仿真生动的职业场景使学生们仿佛置身于真实的企业环境中,帮助其更快地适应并融入社会。

　　财会商圈搭建起一个经济与管理类各专业交叉互动、立体化、网络状的跨行业、跨专业综合实习教学平台,可以拓展学生专业知识面,训练学生综合运用主修专业及相关专业的理论知识、基本方法解决实际问题的能力,在与其他相关专业互动过程中强化主修专业的技能。在创新的教学环境中训练学生的专业知识能力、工作适应能力、交际沟通能力、组织协调能力、分析解决问题能力、动手及创新能力、管理能力,从而培养出厚基础、宽口径、高素质、强能力的经管类高级人才。该平台实现了界面仿真、功能仿真和内容仿真,能够对学生的实训结果进行智能判断,提高了学生的学习兴趣和学习效率,减轻了教师的辅导工作量。本教材可以作为高等院校财务管理、会计等专业的财会商圈软件平台实验指导书。

本教材为广东理工学院教学成果,教材的编写得到了厦门网中网软件有限公司的大力支持,感谢广东理工学院会计学院罗安国教授在百忙之余审阅了本教材。尽管编者在编写过程中做了大量的工作,但限于学识和水平,书中难免存在疏漏与不足,恳请各位读者及时反馈意见,以便将来予以修订。

编　者
2021 年 5 月

目 录

第1篇 平台简介

　　财会商圈是一款跨行业综合性仿真模拟实训平台,仿真生产企业、商业企业、物流企业、贸易企业、卖场、酒店服务业,以一个完整的产业链为线影射出现代商业社会中不同行业、不同规模企业中典型的业务模型,使学生能以多维的角度对整个产业链以及企业内部跨部门的业务流转有一个宏观的认识。同时,财会商圈也是一款跨专业的综合实训平台,将会计学、审计学、税务、财务管理、人力资源管理、行政管理等工商管理类专业和经济学类专业,通过不同的业务模型,将企业与外部服务机构(如税务、银行、工商、会计师事务所等)有机地联系起来,仿真生动的职业场景使学生们仿佛置身于真实的企业环境中,帮助其更快地适应并融入社会。本平台的基本特点,如图1-1所示。

图 1-1 财会商圈平台的基本特点

1.1 实训岗位

　　本平台的实训岗位,如表1-1所示。

表 1-1 实训岗位

企业名称	可实训岗位名称	可实训岗位数量
加旺电器	出纳、生产管理、费用会计、财产物资会计、往来会计、成本会计、税务会计、总账会计、财务经理、行政人员、销售员、采购员、仓库管理员	13
海文贸易	出纳、财务经理、销售员、会计、采购员、仓管员	6
红星贸易	出纳、会计、行政人员、销售员、仓管员	5
成海加工	出纳、会计、业务员、会计主管、仓管员	5
胜华超市	出纳、会计、销售员、采购员、仓管员	5
思宁电器	出纳、会计、销售员、采购员、仓管员、收银员	6
米纳网购	出纳、会计、采购员、仓管员、行政人员	5
辉达贸易	会计主管、出纳、税务会计、主办会计、业务员、仓管员	6
速达运输	出纳、会计、业务员	3
捷安货输	出纳、会计、财务经理	3
宏发装饰	出纳、会计、财务经理	3
极地酒店	出纳、会计、采购员、仓管员	4
交通银行	对公柜员	1
会计师事务所	职员、主任会计师	2
国税局	专管员、税务登记、缴纳税款、发票验旧、发票领购、代开发票	6
地税局	税务登记	1
市场监督管理	企业注册	1
可实训岗位合计		75

1.2 实训内容

财会商圈实训平台上,建立了多种经济业务,每种经济业务都是典型实务实训。平台预置了 19 种经济业务,如表 1-2 所示。

表 1-2 经济业务

序号	经济业务名称	业务实训介绍
1	日常业务	日常业务主要是以出纳实务为主,配合相关账务处理的实训。经济业务主要涉及资金的保管、收付等,包括现金收付、银行结算等 包含以下知识点:票据的购买、登记,提现、存现,转账支票、进账单、电子汇划单等单据的填写;银行汇票、银行承兑汇票、商业承兑汇票、银行本票等票据的申请、填制、背书转让业务办理;费用报销,员工借款、还款,支付工资,缴纳住房公积金、工会经费等业务办理以及相关业务的账务处理

序号	经济业务名称	业务实训介绍
2	购销业务	业务实训主要以购销业务、委托加工、委托代销、往来业务、期末业务的财务处理实务为主 　包含以下知识点：委托加工企业、委托代销企业、商品流通企业、工业企业的账务处理差异，小企业会计准则和企业会计准则的规范运用、标准会计科目的使用，记账凭证的填写、审核、单据的流转；会计账簿的种类及适用范围，账簿的启用、填写、月结、年结等；科目汇总表记账程序的运用；会计报表的制作等
3	委托加工	
4	委托代销	
5	往来业务	
6	期末业务	
7	涉税业务	涉税业务主要涉及税费的计提、申报、缴纳以及相关业务的账务处理等，同时还涉及发票管理业务等税务实操 　包含以下知识点：发票的领购、开具、作废；发生退货、折让时发票的处理方法；增值税、营业税等税费的计提、结转、申报、缴交；营改增企业的涉税处理等
8	成本核算	成本核算业务主要是成本的核算、分析等 　包含以下知识点：直接材料的归集和分配，直接人工的归集和分配，折旧费、水电费等制造费用的归集和分配；月末在产品约当产量比例计算方法的运用，委托加工半成品和自制半成品成本的计算和结转，产成品成本的计算和结转，以及相关账簿的登记等
9	财务管理	财务管理及分析实务主要包括各项财务报告数据的分析、资金的统筹运作、财务风险的防范等 　包含以下知识点：偿债能力指标、盈利能力指标、运营能力指标，资金的预算，杠杆原理及运用，信用政策方案的选择，经济订货批量的计算方法等
10	行政业务	行政实务主要是企业证照的办理、年检和保管，以及职工薪酬的考核等 　主要包含的知识点：企业设立所需营业执照、税务登记证、组织机构代码证的办理、变更、年检；考勤的处理、薪酬的计算；社保业务、住房公积金业务的办理等
11	外贸业务	外贸业务主要是外贸出口企业的账务处理、外币收付业务的处理、出口退税业务的处理等 　包含以下知识点：外贸单证的制作；外币的收汇、结汇；出口退税的申报流程等
12	银行业务	银行业务主要涉及银行柜台人员办理现金缴存、支取等业务处理流程 　包含的知识点：现金解款单的审核、现金支票的审核、现金缴存业务的办理流程、现金支取业务的办理流程等
13	审计业务	审计实务以财务报表审计流程为主线，根据审计工作流程，审计相关企业 　包含以下知识点：审计约定书的运用，企业询证函、会计科目审定表、凭证抽查表等表格的使用方法，往来款的审计方法、费用的审计方法，审计报告格式及出具方法

序号	经济业务名称	业务实训介绍
14	酒店餐饮业务	将《企业会计准则》与餐饮业会计实务结合,突出加工餐饮企业会计业务的行业特点,抓住核心要点,切实解决餐饮企业会计实务的各种常见问题 包含以下知识点:以会员卡或信用卡办理住宿、缴纳各项税费、支付旅行社佣金、送 VIP 客户生日蛋糕、部门领用材料、购买材料、确认收入及结转成本等
15	装饰装修业务	将《企业会计准则》与服务业会计实务结合,突出装饰装修企业会计业务的行业特点,抓住核心要点,切实解决装饰装修企业会计实务的各种常见问题 包含以下知识点:委托加工业务、购入材料、支付费用、代扣贷款利息、计提工资、计提折旧、成本和费用的归集和分配、登记结算工程价款、工程完工验收等
16	交通运输业务	将《小企业会计准则》与服务业会计实务结合,突出交通运输企业会计业务的行业特点,抓住核心要点,切实解决交通运输企业会计实务的各种常见问题 包含以下知识点:购买税控设备、税控设备计提折旧、支付运输费、仓储费、开票收款、确认车辆租赁收入、缴纳增值税、月末结转应交增值税、地方税费和增值税的申报等
17	超市零售业务	将《小企业会计准则》与商业零售业会计实务结合,突出超市零售企业会计业务的行业特点,抓住核心要点,切实解决超市零售企业会计实务的各种常见问题 包含以下知识点:商品调价、采购商品发现短缺、包装物超重、销售返利、收取促销费、发售购物卡、持购物卡消费、会员积分卡消费、兑换商品、过期清零、受托代销业务等
18	电子商务业务	将《企业会计准则》与电子商务会计实务结合,突出电子商务企业会计业务的行业特点,抓住核心要点,切实解决电子商务企业会计实务的各种常见问题 包含以下知识点:增值税抄税、报税,购入小礼品,收到银行代扣印花税回单,购入 ERP 软件,采购商品,支付宝账户收款,提现,核算运费,佣金和代发货配送费,收到丢件赔款,退货,存货和现金盘亏,支付活动保证金,淘宝首页推广费,淘宝客服佣金,平台店铺使用费等
19	生产管理业务	生产管理业务涉及车间生产的生产派工、生产领料、完工入库等业务流程

1.3　实训要求

1.3.1　对教师的要求

财会商圈是培养和提高学生专业技能的关键,教师要认真负责,对每次实习要做到有计划、有控制、有指导、有实习成绩、有实习讲评,对整个实习过程要做具体指导,以便学生顺利完成实习任务。

1.3.2　对学生的要求

（1）在进行财会商圈实习前，应掌握相关会计课程的知识；

（2）学生在进行财会商圈实习时，应以企业实际发生的经济业务为实训内容，并以一个会计人员的身份参与实训；

（3）以现行的会计法规、准则、制度、规定为依据，进行会计事项的处理；

（4）弄清实习项目的目的和要求，严格按实习程序进行操作。

第2篇　系统登录角色

2.1　管理员

享有系统所有功能权限，可以通过权限管理功能对教师角色用户的功能权限进行控制。管理员账号有且只有一个，且不可授权。默认登录号为：netinnet，初始密码为：123456。

【注意】

为保证数据安全，请在平台部署完成后及时修改初始密码。

2.2　教　师

教师主要负责学生的实训部署、跟踪管理及课程拓展等。教师账户可由管理员创建，系统默认仅开启实训管理模块，其他功能模块可由管理员按需通过权限管理进行配置。

2.3　学　生

以班级为单位，通过实习批次进行学习及实训。

第3篇　实训部署流程

以管理员(netinnet)身份进入系统后,系统管理/指导老师,录入登录号及姓名,点击"录入提交",如图 3－1 所示。

登录号	001	＊
姓名	郑XX	＊
密码	●●●●●●	＊（默认密码为123456）
邮箱		
性别	女 ∨	

录入提交　　清除

图 3－1　"教师注册"界面

3.1　创建班级

教师账号登录后,找到左边菜单中"实训管理"下的"班级管理",点击进入,如图 3－2 所示。

点击右上角的"新增班级"按钮,如图 3－3 所示。

图 3－2　"实训管理"菜单　　　　　图 3－3　"新增班级"按钮

录入班级名称,同时可以设置是否允许学生修改自己的姓名,以及班级描述,最后点击"录入提交"按钮完成班级创建操作,如图3-4所示。

图3-4 "班级设置"界面

3.2 创建学生

点击对应班级下的"学生管理"按钮,如图3-5所示。

图3-5 "学生管理"按钮

创建班级后,可在该班级下创建学生账号,创建方法有以下3种(建议以学生学号设置登录号)。

3.2.1 Excel导入学生(方法1)

(1)在出现的界面中点击右上角菜单栏中的"从excel导入"按钮,如图3-6所示。

图3-6 "从excel导入"按钮

（2）编辑好的学生账号 Excel 文件，格式如图 3－7 所示。

【注意】

必须带有标题行并且列的顺序必须为登录号在前，姓名在后，文件类型必须为".xls"或".xlsx"。

（3）点击"浏览"按钮，选择学生账号 Excel 文件所在的路径，点击"录入提交"按钮，如图 3－8 所示。

（4）选择需要导入的学生账号，然后点击"录入提交"按钮。如果登录号在系统中已存在，系统将给出提示，此时只需在界面上修改登录号即可，如图 3－9 所示。

	A	B	C
1	登录号	姓名	
2	a001	李雷	
3	a002	韩梅	
4	a003	张红	
5	a004	吴晨	
6	a005	苏畅	
7	a006	陈雨	
8	cece	茜茜	
9	tiancw	田春伟	
10	yangt	杨涛	
11			

图 3－7　学生账号 Excel 文件

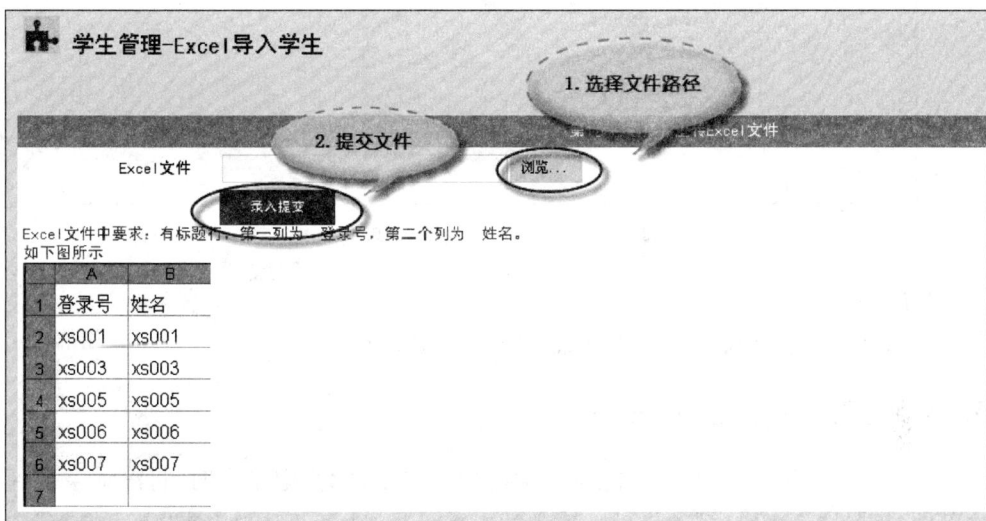

图 3－8　上传学生账号

图 3－9　选择并保存导入的学生数据

3.2.2 批量生成学生(方法2)

点击右上角菜单栏中的"批量生成学生"按钮,如图3-10所示。

图3-10 "批量生成学生"按钮

在出现的界面中录入学生账号前缀及账号区间,点击"录入提交"按钮,系统将自动批量生成该区间内的学生登录号,默认密码为123456,如图3-11所示。

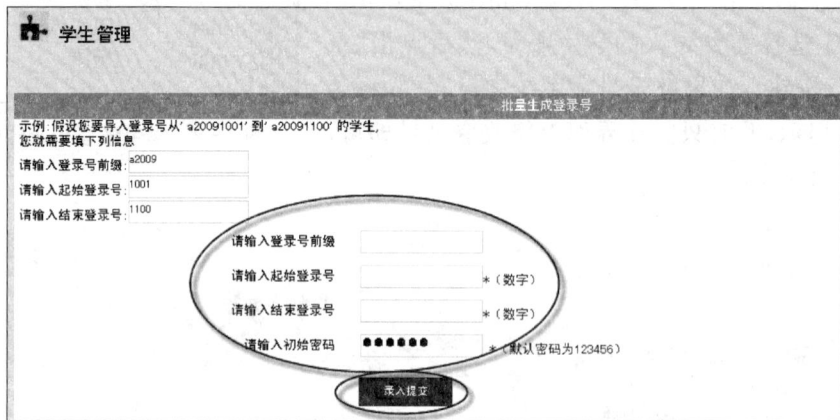

图3-11 "批量生成学生"界面

【注意】

起始登录号和结束登录号必须都是数字,并且位数一样。

3.2.3 创建单个学生(方法3)

用于单个学生的创建,该功能位于学生列表之下,学生记录多时,将滚动条拉到底部即可看见"新增学生"子界面。输入学生登录号、姓名、密码,点击"录入提交"按钮,如图3-12所示。

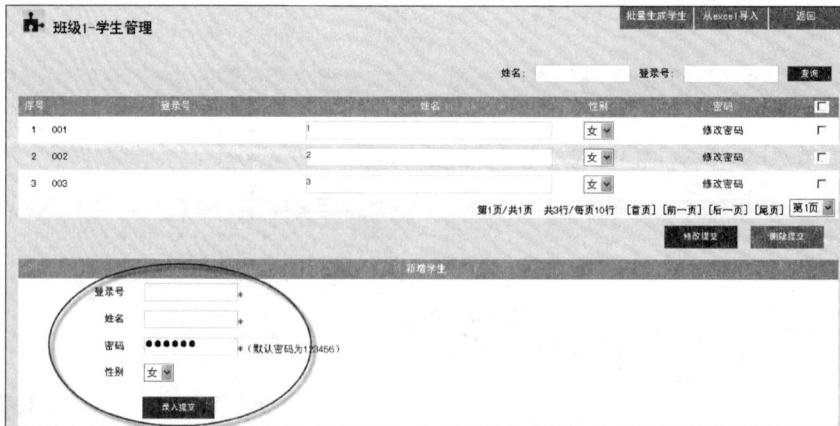

图3-12 "创建单个学生"界面

3.3 创建实习批次

找到左边菜单中"实训管理"下的"批次管理",点击进入,如图 3-13 所示。

点击右上角菜单栏中的"新增单人批次"按钮,如图 3-14 所示。

图 3-13
"实训管理"菜单

图 3-14 "新增单人批次"按钮

实习批次分单人批次与多人批次两种。单人批次是指学生同时扮演批次中所有岗位角色,即独立完成所有任务。多人批次是指学生将以小组为单位,分工扮演批次中所有岗位,协同完成所有实训任务。

以单人批次创建为例,基本步骤如图 3-15 所示。

图 3-15 "单人批次"创建步骤

所有信息录入完毕，点击"录入提交"按钮完成实习批次的创建。

【注意】

（1）启用时间不能早于当前时间。

（2）＊号表示必填。

🔘 **说明**

如需及时生效，点击"是否有效"后的☐，打钩表示开始生效；点击"是否关闭课件"后的☐，是设置实习企业中企业课件在学生端是否显示的先决条件；开放级别中"系统默认"表示不启用自动填单功能，"可自动填单"表示启用自动填单功能；点击"是否隐藏流程图提示"后的☐，可提高难度，学生在经济业务流程图中将看不到单据流信息。

组成员上限是指在创建多人批次时，该批次中一个组最多允许的成员数，如组成员上限是 30，则该批次每组学生最多只能加入 30 个。

实习策略可以选择使用策略模板，也可以选择自定义。选择"使用策略模板"时，可以根据教学需要选择系统内置的某个模板作为本批次的实习策略模板，点击查看更多模板链接可查看更多内置模板。选择自定义时，可以选择本批次需要实训的企业岗位，等实习批次创建好后，对实习策略进行详细设置。

3.4 实习结果跟踪及其他功能

3.4.1 实习结果跟踪

完成以上设置步骤，学生即可开始实训，通过对应批次下的"实习结果跟踪"模块，可查看学生的实训进度及成绩，如图 3－16 所示。

[成绩权重设置]　[实习评语设置]　[评分规则设置]　[升级规则设置]　[商品价格设置]　[详情]

图 3－16　"实习结果跟踪"按钮

点击"实习结果跟踪"按钮，系统将查询出该批次中所有学生的实训总进度，如图 3－17 所示。

🔘 **说明**

只有当成绩权重设置中启用教师打分功能，红色方框的教师评分和实习总分才显示，点击"查看详情"按钮，将生成该学生的实习报告，如图 3－18 所示。

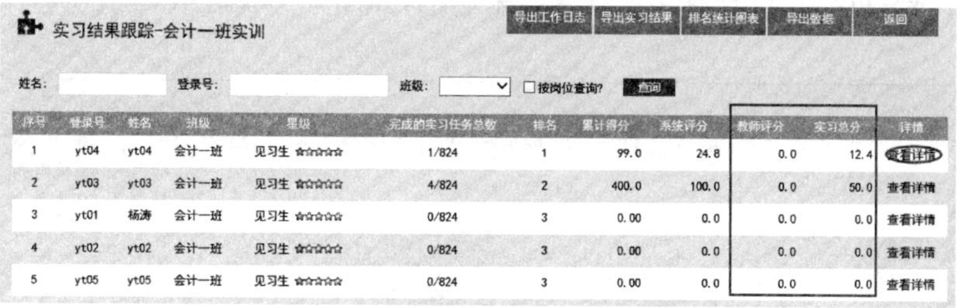
实习结果跟踪-会计一班实训

导出工作日志 导出实习结果 排名统计图表 导出数据 返回

姓名： 登录号： 班级： □按岗位查询? 查询

序号	登录号	姓名	班级	星级	完成的实习任务总数	排名	累计得分	系统评分	教师评分	实习总分	详情
1	yt04	yt04	会计一班	见习生 ☆☆☆☆☆	1/824	1	99.0	24.8	0.0	12.4	查看详情
2	yt03	yt03	会计一班	见习生 ☆☆☆☆☆	4/824	2	400.0	100.0	0.0	50.0	查看详情
3	yt01	杨涛	会计一班	见习生 ☆☆☆☆☆	0/824	3	0.00	0.0	0.0	0.0	查看详情
4	yt02	yt02	会计一班	见习生 ☆☆☆☆☆	0/824	3	0.00	0.0	0.0	0.0	查看详情
5	yt05	yt05	会计一班	见习生 ☆☆☆☆☆	0/824	3	0.00	0.0	0.0	0.0	查看详情

图 3－17 “实习结果跟踪”界面

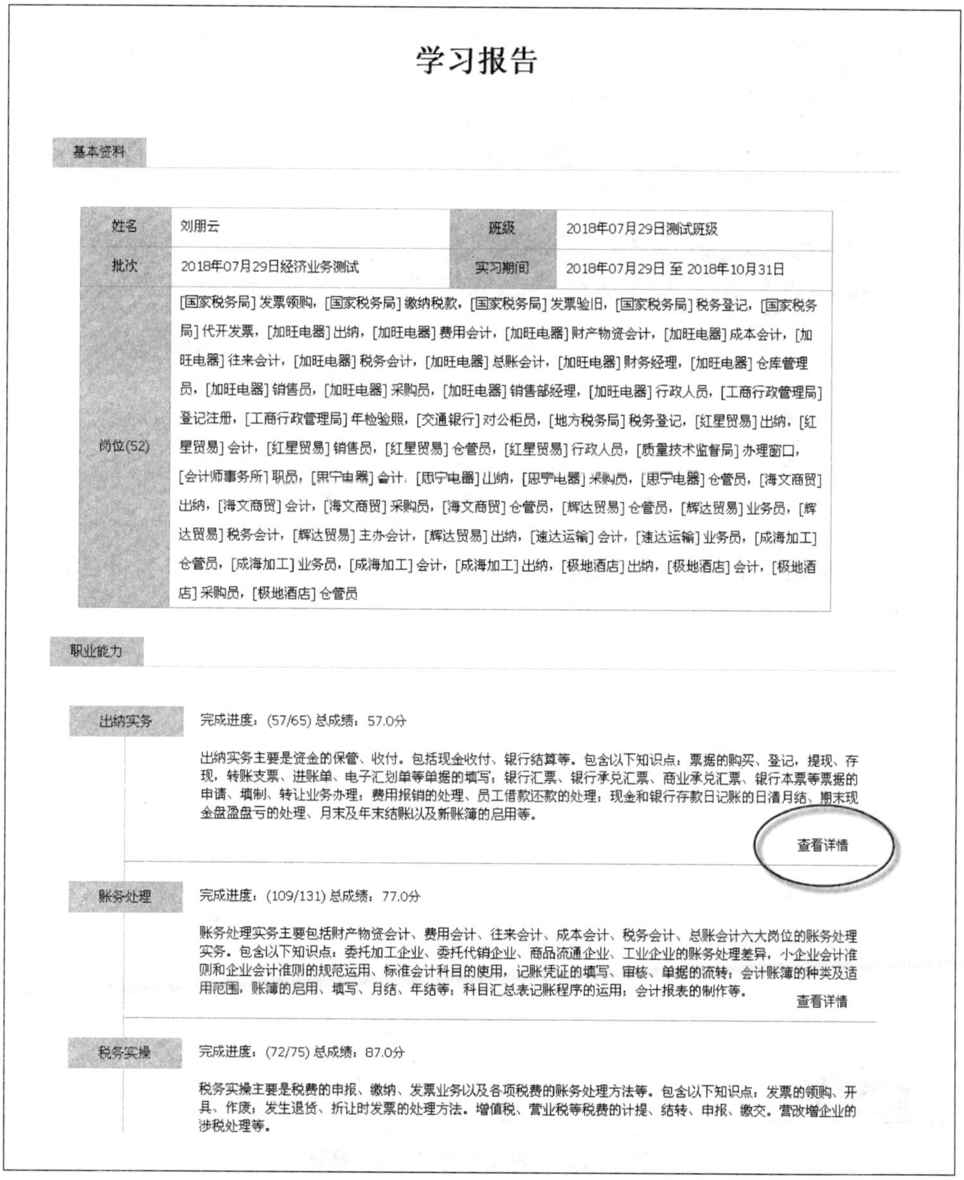
学习报告

基本资料

姓名	刘朋云	班级	2018年07月29日测试班级
批次	2018年07月29日经济业务测试	实习期间	2018年07月29日 至 2018年10月31日
岗位(52)	[国家税务局] 发票领购，[国家税务局] 缴纳税款，[国家税务局] 发票验旧，[国家税务局] 税务登记，[国家税务局] 代开发票，[加旺电器] 出纳，[加旺电器] 费用会计，[加旺电器] 财产物资会计，[加旺电器] 成本会计，[加旺电器] 往来会计，[加旺电器] 税务会计，[加旺电器] 总账会计，[加旺电器] 财务经理，[加旺电器] 仓库管理员，[加旺电器] 销售员，[加旺电器] 采购员，[加旺电器] 销售部经理，[加旺电器] 行政人员，[工商行政管理局] 登记注册，[工商行政管理局] 年检验照，[交通银行] 对公柜员，[地方税务局] 税务登记，[红星贸易] 出纳，[红星贸易] 会计，[红星贸易] 销售员，[红星贸易] 仓管员，[红星贸易] 行政人员，[质量技术监督局] 办理窗口，[会计师事务所] 职员，[思宁电器] 会计，[思宁电器] 出纳，[思宁电器] 采购员，[思宁电器] 仓管员，[海文商贸] 出纳，[海文商贸] 会计，[海文商贸] 采购员，[海文商贸] 仓管员，[辉达贸易] 仓管员，[辉达贸易] 业务员，[辉达贸易] 税务会计，[辉达贸易] 主办会计，[辉达贸易] 出纳，[速达运输] 会计，[速达运输] 业务员，[成海加工] 仓管员，[成海加工] 业务员，[成海加工] 会计，[成海加工] 出纳，[极地酒店] 出纳，[极地酒店] 会计，[极地酒店] 采购员，[极地酒店] 仓管员		

职业能力

出纳实务　完成进度：(57/65) 总成绩：57.0分

出纳实务主要是资金的保管、收付。包括现金收付、银行结算等。包含以下知识点：票据的购买、登记，提现、存现，转账支票、进账单、电子汇划单等单据的填写；银行汇票、银行承兑汇票、商业承兑汇票、银行本票等票据的申请、填制、转让业务办理；费用报销的处理、员工借款还款的处理；现金和银行存款日记账的日清月结、期末现金盘盈盘亏的处理、月末及年末结账以及新账簿的启用等。

查看详情

账务处理　完成进度：(109/131) 总成绩：77.0分

账务处理实务主要包括财产物资会计、费用会计、往来会计、成本会计、税务会计、总账会计六大岗位的账务处理实务。包含以下知识点：委托加工企业、委托代销企业、商品流通企业、工业企业的账务处理差异，小企业会计准则和企业会计准则的规范运用、标准会计科目的使用，记账凭证的填写、审核、单据的流转；会计账簿的种类及适用范围，账簿的启用、填写、月结、年结等；科目汇总表记账程序的运用；会计报表的制作等。

查看详情

税务实操　完成进度：(72/75) 总成绩：87.0分

税务实操主要是税费的申报、缴纳、发票业务以及各项税费的账务处理方法等。包含以下知识点：发票的领购、开具、作废；发生退货、折让时发票的处理方法。增值税、营业税等税费的计提、结转、申报、缴交。营改增企业的涉税处理等。

图 3－18 “实习报告”界面

点击"查看详情"可查看学生答题结果明细,如图 3-19 所示。

出纳实务 能力报告

姓名	刘朋云		班级	2018年07月29日测试班级
批次	2018年07月29日经济业务测试		实习期间	2018年07月29日 至 2013年10月31日

实训明细   企业: ▾ 岗位: ▾ 知识点: ▾ 查询

				加旺电器:出纳:银行业务 购买票据					
序号	实训任务	成绩	重做	找错人	漏做单据	错拿单据	联次错误	漏做	做错	多余填写
1	购买票据 ✓	92.00	0	1	2			1	2	

				加旺电器:出纳:银行业务 银行本票					
序号	实训任务	成绩	重做	找错人	漏做单据	错拿单据	联次错误	漏做	做错	多余填写
1	申请银行本票 ✓	90.00	0			3	1			

				加旺电器:出纳:银行业务 提现					
序号	实训任务	成绩	重做	找错人	漏做单据	错拿单据	联次错误	漏做	做错	多余填写
1	填制单据、登账		0		1			1		

				加旺电器:出纳:银行业务 收到回单					
序号	实训任务	成绩	重做	找错人	漏做单据	错拿单据	联次错误	漏做	做错	多余填写
1	收到银行回单 ✓	100.00	0							

图 3-19 "学生答题结果明细"界面

教师可根据学生的实习情况进行打分(成绩权重设置中启用教师打分功能),设置对应的导师评语,如图 3-20 所示。

导师打分

☐ 分

导师评语

[   ]

提 交

图 3-20 "导师打分及评语"界面

点击"批次管理"下的"实习结果跟踪"按钮,还可以"导出工作日志""导出实习结果""排名统计图表""导出数据""消除数据"等,如图 3 - 21 所示。

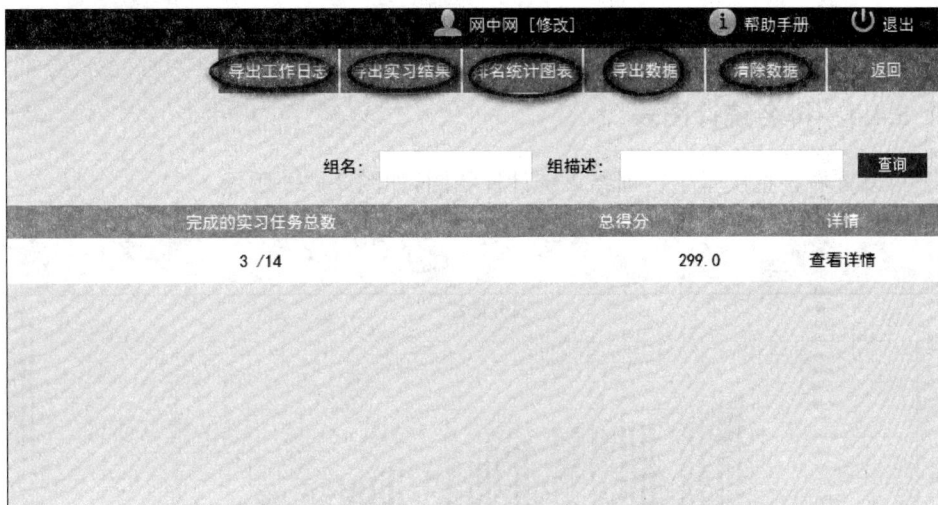

图 3 - 21 "实习结果跟踪"界面的其他功能

3.4.2 导出工作日志

可以导出学生在学生界面上传的所有学生的工作日志内容,如图 3 - 22 所示。

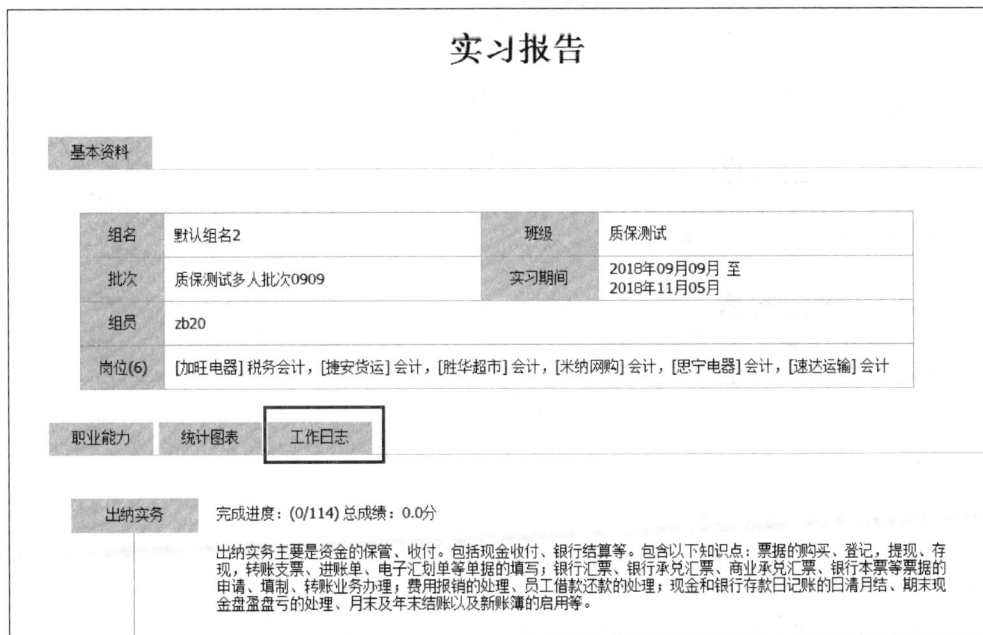

图 3 - 22 导出工作日志

教师可查看组或成员上传的工作日志。

3.4.3 导出实习结果

可以导出学生实训的成绩和结果。

3.4.4 排名统计图表

可以查看该批次学生实训结果统计柱状图,如图 3 - 23 所示。

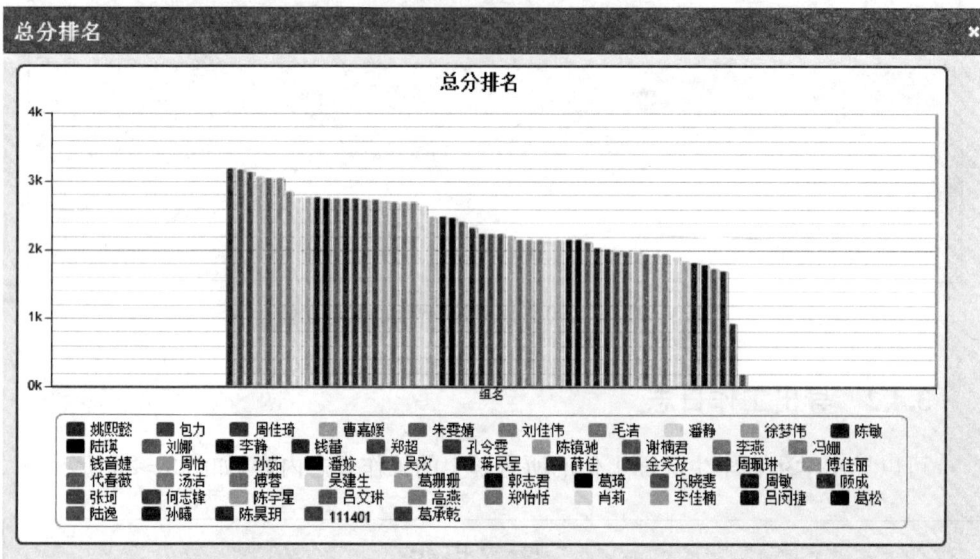

图 3 - 23　排名统计图表

3.4.5 导出数据

可以导出学生实训成绩,并保存为".xls"文件。

3.4.6 清除数据

可以清除学生正在进行实训的异常任务。

第4篇　实训管理

4.1　班级管理

该功能模块主要用于对学生管理以及班级的更名等（见图4-1）。

图4-1　"班级管理"模块

4.1.1　学生管理模块

此模块实现对所在班级中学生进行增加、批量删除、批量修改和查询操作，如图4-2所示。

图4-2　"学生管理"模块

1. 查询

可通过学生的姓名或登录号对学生进行搜索，可组合查询，学生姓名支持模糊查找，如图4-3所示。

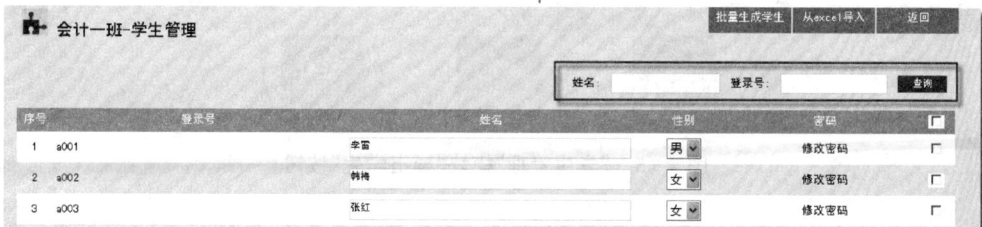

图4-3　"学生管理"模块查询栏

2. 批量修改及删除

可直接在列表中对学生姓名及性别进行修改，勾选需要提交的学生记录，点击列表底部的"修改提交"按钮。

修改学生密码操作,只需要点击对应学生记录中的"修改密码"按钮,输入两次新密码,点击"修改提交"按钮即可。删除操作与修改操作类似,勾选需要删除的学生,点击"删除提交"即可,如图4-4所示。

图4-4 "学生管理"模块批量修改及删除栏

【注意】

(1) 删除学生的同时将删除该学生的所有实训记录,请谨慎操作。

(2) 建议在执行删除操作前,先导出实训结果作为备份。

3. 导出学生

为了防止数据丢失或误操作,避免在对平台升级重装后重复录入操作,可对学生记录进行导出备份。找到对应班级的学生管理模块,点击"导出学生"按钮,如图4-5所示。

图4-5 "学生管理"模块"导出学生"按钮

弹出"文件下载"对话框后,点击"保存"按钮,系统将学生记录导出为 Excel 文件,如图4-6、图4-7所示。

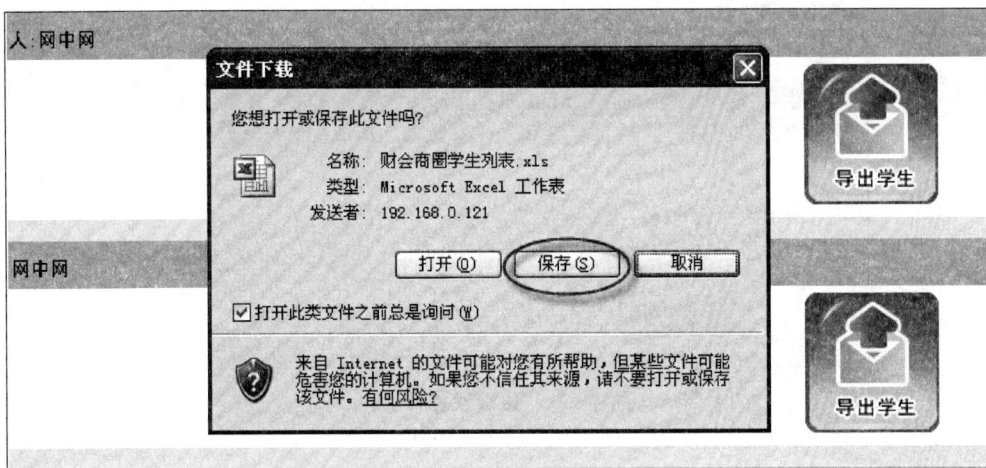

图 4 - 6　"文件下载"对话框

	A	B	C
1	**登录号**	**姓名**	
2	a001	李雷	
3	a002	韩梅	
4	a003	张红	
5	a004	吴晨	
6	a005	苏畅	
7	a006	陈雨	
8	cece	茜茜	
9	tiancw	田春伟	
10	yangt	杨涛	
11			

图 4 - 7　导出的学生记录 Excel 文件

4.1.2　班级设置

班级设置涉及班级的更名、设置是否允许学生修改姓名、班级描述及班级列表的导入及导出。若要进行班级设置，可在学生管理模块中点击"班级设置"按钮，如图4-8所示。

图 4 - 8　"学生管理"模块"班级设置"按钮

在弹出的班级设置界面中进行相关操作即可，如图 4 - 9 所示。

班级的导入导出与学生的操作类似，在此不再赘述。

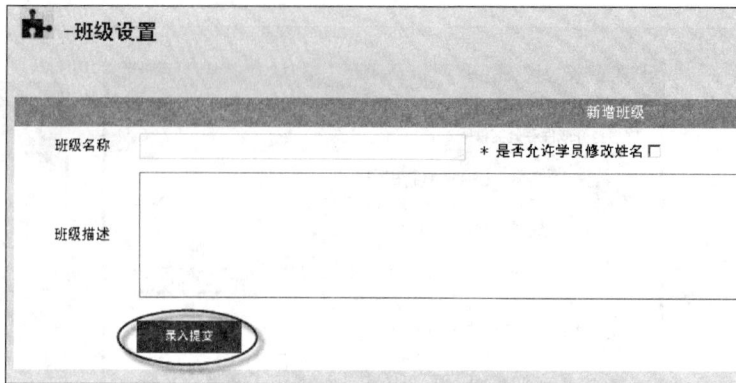

图 4-9 "班级设置"界面

4.2 实习批次管理

实习批次,即教学班的概念,教师可以按教学计划,将几个班级或者一个班的部分学生组织为一个实习批次,选用不同的教学策略,部署学生进行实训,同时以批次

图 4-10
"批次管理"模块

为单位跟踪学生的实训进度及成绩。"批次管理"模块如图4-10所示。

单人批次与多人批次的区别如下:

单人批次和多人批次都分为实训批次和考试批次。实训批次就是学生平时实训用,可以查看学生界面正确答案,可以查看学生界面企业资料中的课件;考试批次用于学生学习完成后的考核,关闭了学生界面的正确答案功能,并默认关闭了学生界面企业资料中的岗位动画课件。

在批次管理上,多人批次与单人批次唯一区别在于组管理模块,教师可以根据学生数量控制每个小组的上限人数,以小组的人数为小组成员分配岗位。

4.2.1 批次修改

教师可以对批次的名称、有效期限、策略模板、参加实训的班级进行修改。点击"详情"按钮,在弹出的"实习批次管理"界面可进行修改操作,如图4-11、图4-12所示。

[成绩权重设置] [实习评语设置] [评分规则设置] [升级规则设置] [商品价格设置] [详情]

图 4-11 "详情"按钮

图 4‑12 "实习批次管理"界面

【注意】

移除班级时,该班级下的学生在此批次下的实训记录将同时被删除,请谨慎操作。建议操作前先导出学生实训结果。

4.2.2 批次学生管理

该模块是对实习批次中学生及相关权限进行控制。

与班级管理中的学生管理的区别是:只对批次中学生进行增减,当对批次中学生进行删除操作时,该学生记录在班级中依然存在,如图 4‑13 所示。

1. 开放级别

(1) 系统默认。该批次下所有实训任务必须由学生手动填写,用于常规实训。

(2) 可自动填单。学生实训过程中有自动填单功能,学生点击"自动填单"功能键,实训单据将自动填写上正确答案。通常用于教师教学,以免去烦琐的填单操作,从而节省时间。

2. 加入学生

点击右上角"加入学生"按钮,系统将筛选出未加入该批次的所有学生,教师可以通过搜索选项，对学生进行筛选，批量勾选后，点击"加入批次"按钮，如图 4 - 14 所示。

图 4 - 13　"批次学生管理"界面

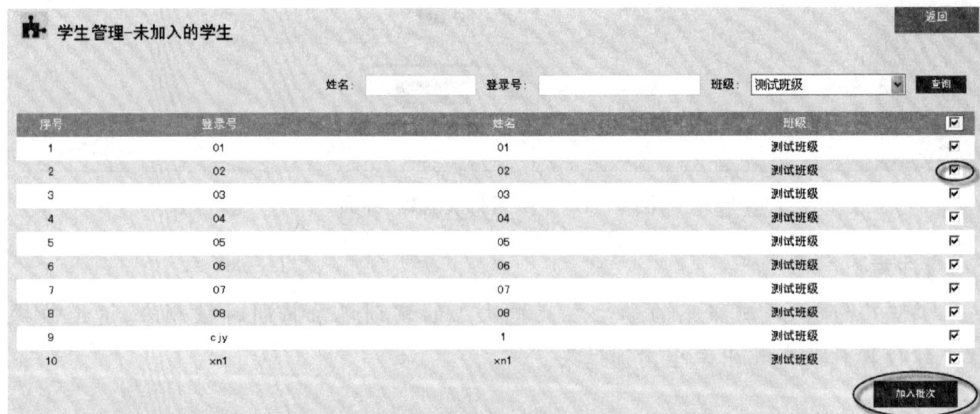

图 4 - 14　在"批次学生管理"界面加入学生

4.2.3　实习策略设置

该模块用于设置及控制学生实训业务量。

查看方式有两种："企业库"与"经济业务库"。

1. 企业库

以企业为单位，通过岗位及知识点组织实训任务，点击任意知识点可查看该知识点下已设置的实训任务，如图 4 - 15、图 4 - 16 所示。

【注意】

企业库界面上各岗位头像下分组显示的文字即为对应岗位的知识点。

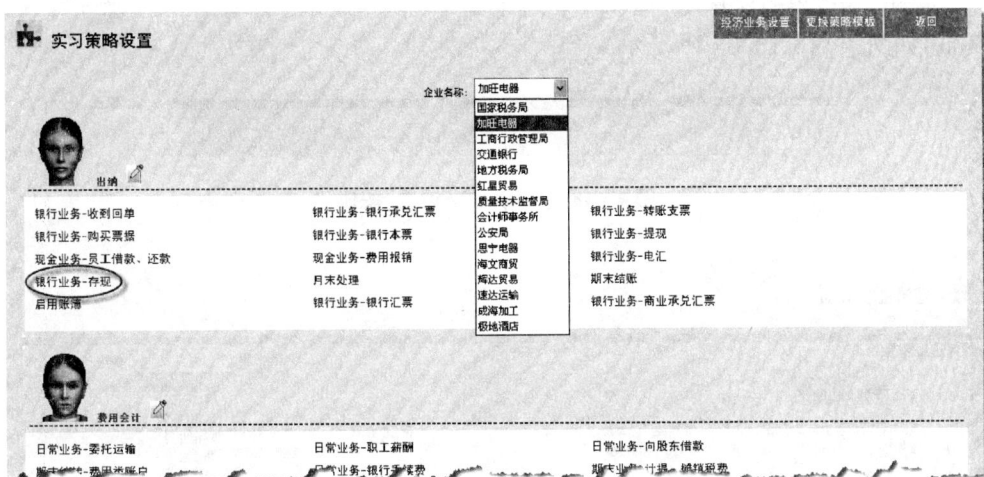

图 4-15 "实习策略设置"界面

图 4-16 已设置的实训任务界面

可通过对业务题的勾选或取消勾选,对学生实训题量进行控制,批量选择后点击顶部的"录入提交"按钮完成操作。

点击实训任务边上的"查看"按钮可查看该笔业务详细流程及单据正确答案,如图 4-17 所示。

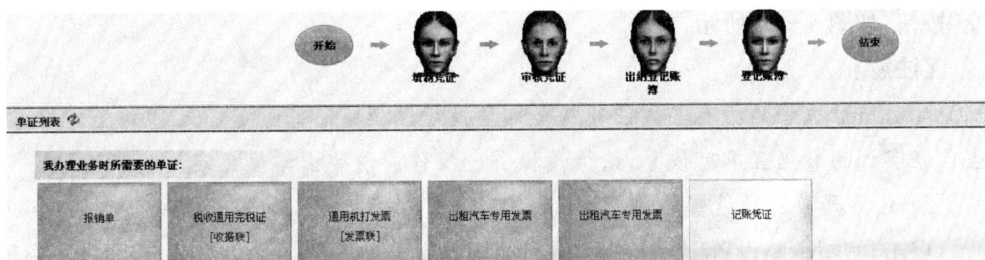

图 4-17 "业务流程及单据"界面

点击"流程"可查看该流程下所涉及的所有单据,点击"单据"可查看该单据的正确答案。

2. 经济业务库

以综合案例为组织方式,对从企业间到企业内部的完整流程进行归集。

点击"实习策略设置"界面右上角"经济业务设置"按钮,可进入"经济业务设置"界面,如图4-18、图4-19所示。

图4-18 "经济业务设置"按钮

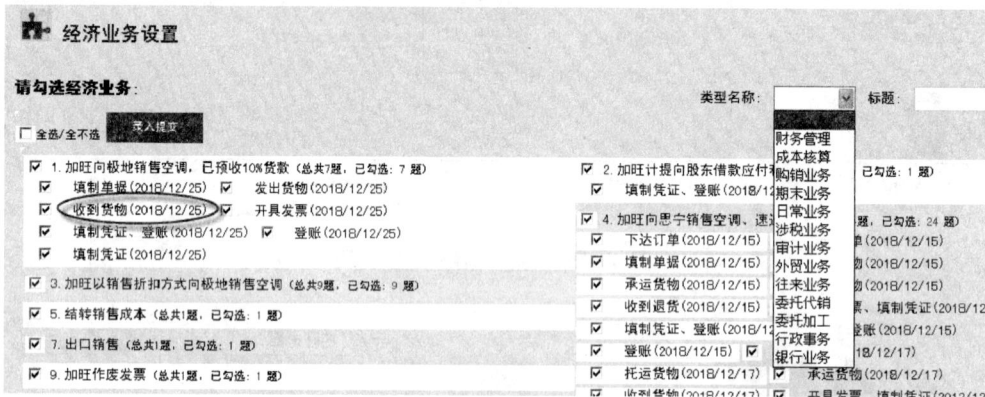

图4-19 "经济业务设置"界面

可通过业务类型进行筛选,通过批量勾选可控制学生实训业务的题量,最后点击"录入提交"按钮。一笔经济业务案例下有多个子任务,教师可根据教学需求勾选部分业务。未被勾选的业务在学生界面中将显示为未启用状态,但这并不影响成绩。

点击单笔业务,可查看该笔业务详细流程及单据正确答案。

1)更换策略模版

点击"实习策略设置"界面右上角"更换策略模板"按钮(见图4-20),可进入"实习策略模板列表——网页对话框",从系统内置的模板库中选择新模板,点击"录入提交"按钮,如图4-21所示。

【注意】

此时该批次下的所有实训任务将全部替换为该模板下的业务。此操作会清空学生已经实训的数据且不可恢复,请谨慎操作。操作前请导出学生已实训的数据。

2)任务开放阶段设置

点击"实习策略设置"界面右上角"任务开放阶段"按钮(见图4-22),即进入"任务开放阶段管理"界面(见图4-23),可对已有的策略任务根据不同时间段来设置开放时间,分配任务的方法与设置策略任务方法大同小异。

图4-20 "更换策略模板"按钮

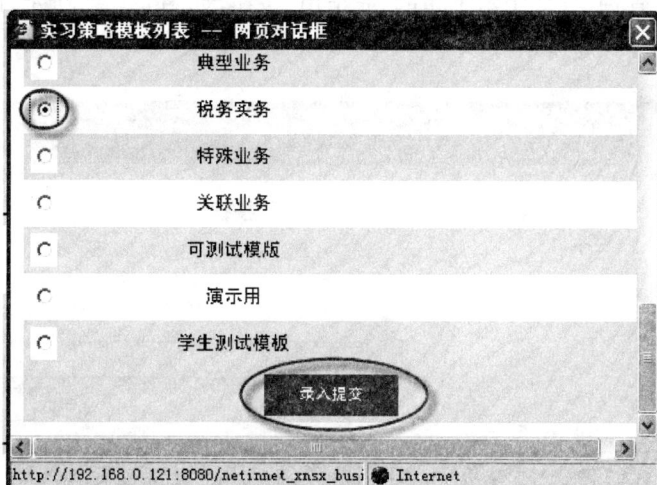

图 4-21 实习策略模板列表——网页对话框

图 4-22 "任务开放阶段"按钮

图 4-23 "任务开放阶段管理"界面

4.2.4 实习结果跟踪

详见第 3 篇"实训部署流程"3.4.1"实习结果跟踪"部分的内容。

4.2.5 充金币

学生在做题过程中可获取金币,用金币可以购买正确答案及游戏道具(如衣服等)。教师可在实训过程中以给学生充金币的方式降低实训难度,增加学生实训的趣味性。

点击"批次管理"模块中右上角的"充金币"按钮,如图4-24所示,即进入学生充金币界面,如图4-25所示。

图4-24　"充金币"按钮

图4-25　"学生充金币"界面

在"学生充金币"界面,按下列步骤给学生充金币:

(1) 筛选出需要充金币的学生记录,点击"查询"按钮;

(2) 输入需要充入的金币数;

(3) 批量勾选需要充入金币的学生;

(4) 点击底部的"确定充值"按钮。

4.2.6　组管理

此模块只在多人批次中开启,用于对学生分组的管理,如图4-26所示。

图4-26　"组管理"按钮

1. 创建组

点击"组管理"按钮后,点击右上方的"新增小组"按钮,即进入"组管理"界面,如图4-27、图4-28所示。

图 4 - 27 "新增小组"按钮

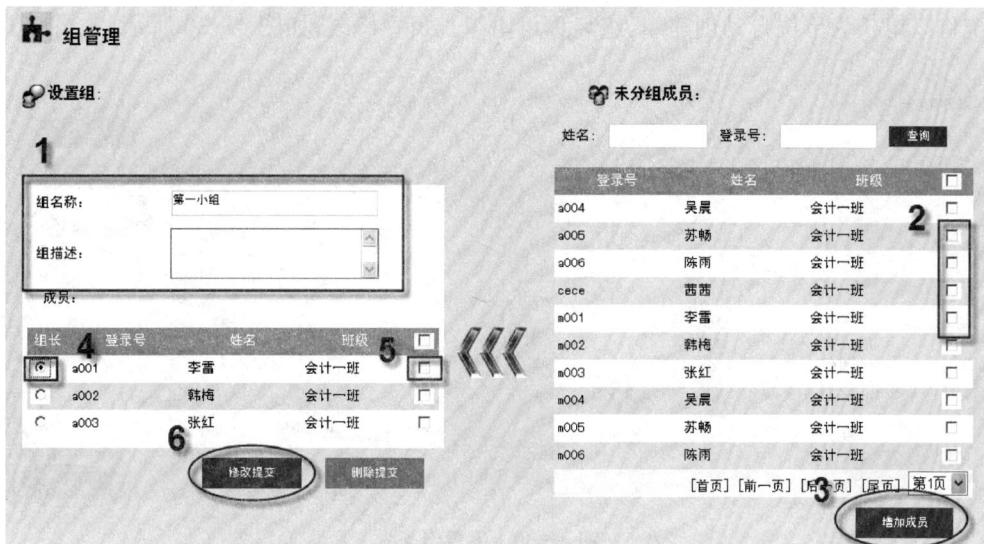

图 4 - 28 "组管理"界面

在"组管理"界面按下列步骤创建组：

(1) 输入小组名称。

(2) 在右边未加入小组的学生中批量勾选需要加入该组的学生记录。

【注意】

当该批次所有学生都加入了小组时，未分组成员列表为空。

(3) 点击右下角"增加成员"按钮，增加小组成员。

(4) 从左边已加入的成员中设置一个组长。

(5) 选中该组长并勾选其右边的复选框。

(6) 点击左下方的"修改提交"按钮。

2. 修改组

点击小组右下角的"修改"按钮，如图 4 - 29 所示。

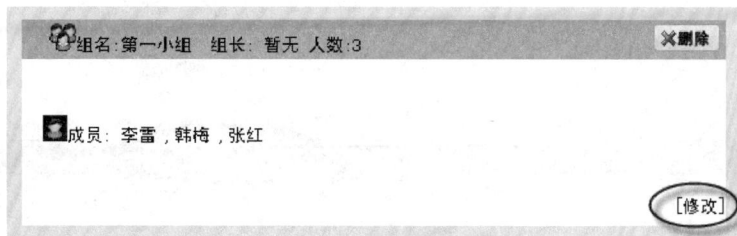

图 4 - 29 修改组

修改组的操作与创建组类似,教师可对该组的组名和描述进行修改,对组成员进行增删,设置该组组长。

3. 设置组长

此功能为教师提供了快速增加小组的途径。教师只需要将组长批量设置好,系统将以组长为单位自动创建组,组名称可由组长负责修改,如图 4 - 30 所示。

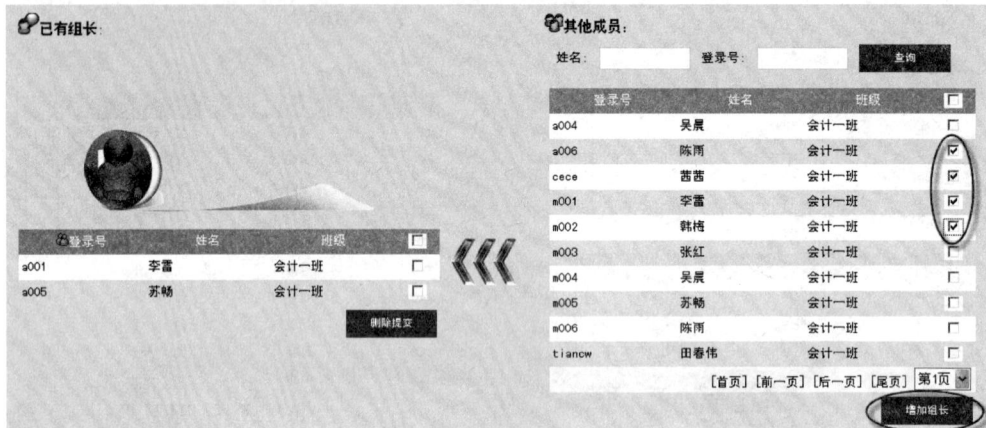

图 4 - 30　设置组长

4. 分配岗位

教师可通过此模块对学生在组中所扮演的岗位进行分配和控制。

4.2.7　实习评语设置

教师可以根据学生实习的成绩划分及格线,默认为 0～59 分,仍需努力;60～79分,表现良好;80～100 分,表现优秀,如图 4 - 31 所示。

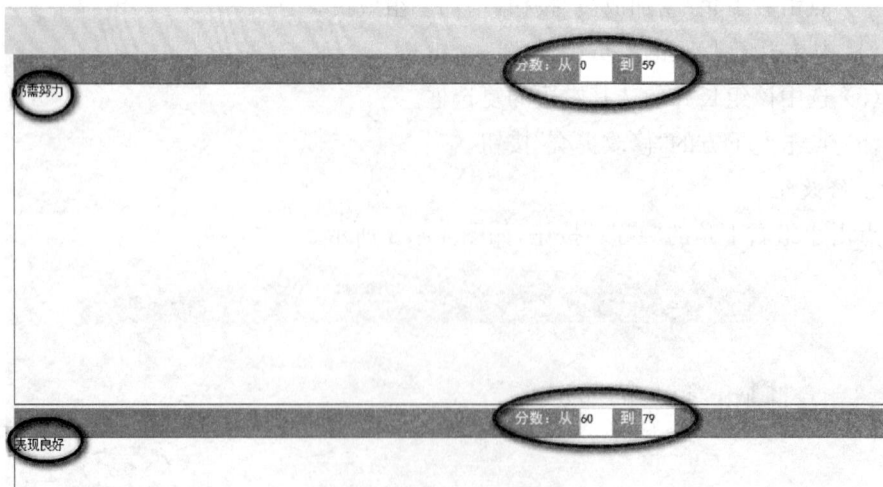

图 4 - 31　实习评语设置

4.2.8　评分规则设置

教师可以根据教学需求对不同批次设置评分规则,调节各种错误类型所扣的分值。

4.2.9　升级规则设置

对不同批次设置不同的升级规则,可根据教学需要设置学生升级的标准。

4.2.10　商品价格设置

对不同批次设置商品的价格,教师可通过此模块控制学生购买答案的频率,如将"查看正确答案"设置为最高价,可防止学生频繁抄袭正确答案。

4.2.11　成绩权重设置

此处可设置该批次是否启用教师打分功能,以及系统判分和教师打分占总分的权重,如图 4-32 所示。

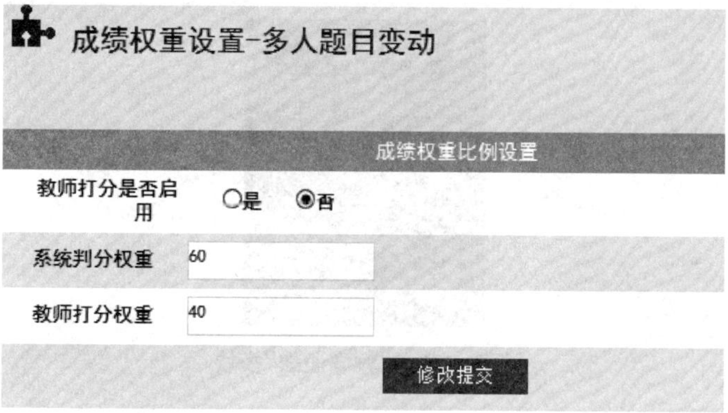

图 4-32　成绩权重设置

4.3　登录日志

该模块用于对学生及教师的登录情况进行管理及跟踪,如图 4-33、图 4-34 所示。

图 4-33　"登录日志"模块

图4-34 "登录日志"界面

4.4 教学通知

该模块用于教师对学生发布教学通知、教学任务等,如图4-35所示。

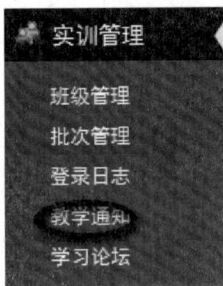

图4-35 "教学通知"模块

教学通知发布内容示例,如图4-36所示。

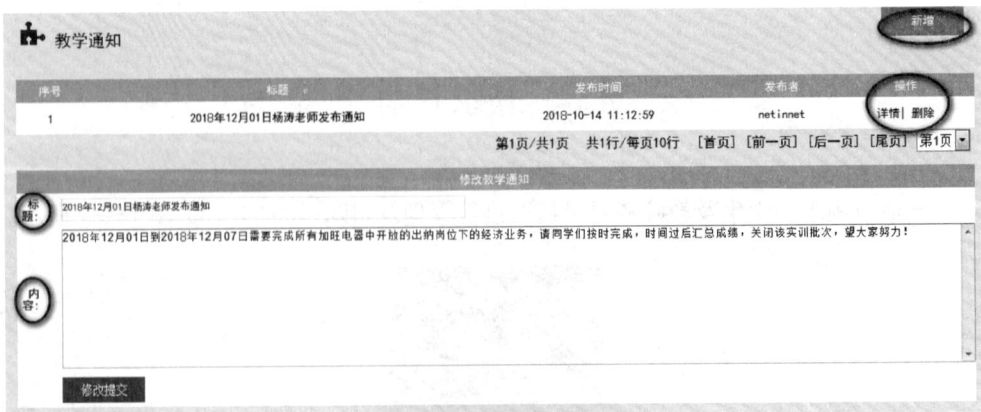

图4-36 教学通知发布内容示例

教学通知学生界面显示,如图 4-37 所示。

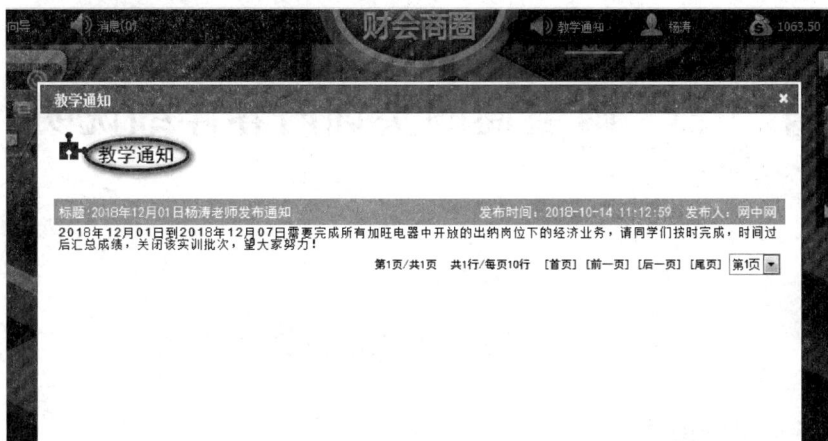

图 4-37　教学通知学生界面显示

4.5　学习论坛

该模块用于学生与学生间的互动,教师和教师间的互动,学生的实训问题、实训感言都可以在上面进行发布,如图4-38所示。

点击图 4-38 中的"学习论坛"模块,将显示"学习论坛"界面,如图4-39所示。

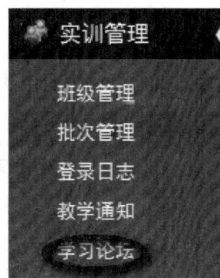

图 4-38　"学习论坛"模块

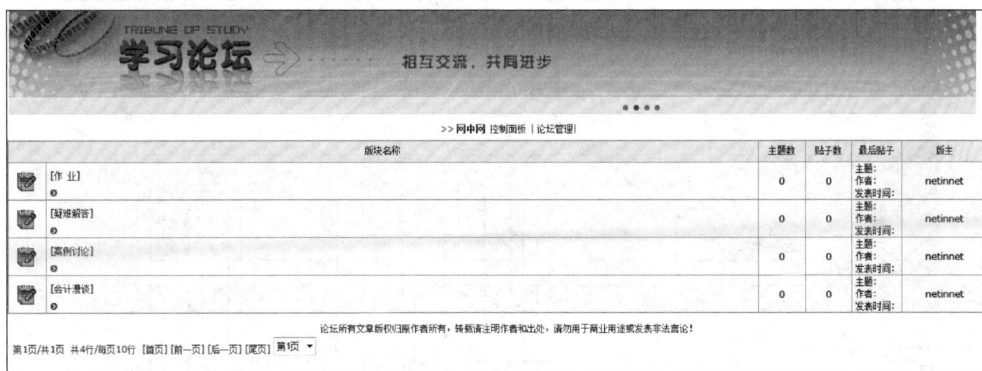

图 4-39　"学习论坛"界面

第 5 篇　财会商圈实训内容详细说明

5.1　按照岗位进行实训

5.1.1　出纳岗位

1. 任务 1

【我的任务】　**收到银行回单**。2018 年 12 月 1 日,北京加旺电器有限公司银行账户收到股东借款。据此登记相关账簿。

【实训要求】　收到银行回单。

【操作指导】

(1) 阅读操作界面右边单据列表的信息(进账单、借款合同)。

(2) 领取银行存款日记账,执行"单据库"→"账簿类"→"银行存款日记账"→"就拿这些"命令,关闭对话框。

(3) 登记银行存款日记账。

在操作界面右边单据列表中选择"银行存款日记账",登记收到的股东借款信息,如图 5-1 所示。

图 5-1　银行存款日记账

（4）单击"保存"按钮。

（5）单击任务栏中的"登记账簿"按钮,如图5-2所示。

图5-2 任务栏"登记账簿"按钮

【注意】

如果做对了,题目会显示"已完成";如果做错了,会显示错误在哪里,可以重新再修改题目。如果实在不会,可以在操作界面的左边单击"正确答案",用金币购买答案,如图5-3所示。

图5-3 "购买答案"界面

（6）单击"我的日程",选择右下角标有三角形处的日期,如图5-4所示,进入下一任务。

图5-4 接受新任务

2. 任务2

【我的任务1】 申请银行汇票。2018年12月5日,申请银行汇票用于支付辉达(天津)贸易有限公司货款。据此登记相关账簿。

【实训要求】 申请银行汇票。

【操作指导】

(1) 阅读单据列表信息。

(2)"单据库"领取"结算业务申请书(交通银行)"。

(3) 在单据列表中打开"结算业务申请书(交通银行)",并填写相关信息,如图5-5所示。

图5-5 结算业务申请书(交通银行)

(4) 在单据列表中打开"密码器",并填写相关信息。

【注意】

密码器答案与系统答案不相符。

(5) 保存信息后,单击"填制单据"按钮(见图5-6)。

图5-6 任务栏"填制单据"按钮

(6) 带上单据(结算业务申请书、付款申请书和购销合同),找财务经理王方、总经理孙涛,进行"审核单据"。

(7) 带上单据(结算业务申请书和购销合同)去银行办理。

(8)"单据库"领取"备查簿",并分别填写相关信息,带上单据,自行"登记账簿",如图5-7、图5-8所示。

图 5-7 银行存款日记账

图 5-8 银行汇票备查簿

（9）点击下方"登记备查簿"，结束任务。

【我的任务2】 付款、登账。2018 年 12 月 5 日，签发转账支票支付北京成海喷塑加工有限公司加工费，并登记账簿。

【实训要求】 付款、登账。

【操作指导】

（1）"单据库"领取"转账支票""进账单"和"支票登记簿"，并填写相关信息，如图 5-9～图 5-11 所示。

（2）带上单据（付款申请书、转账支票、进账单），找财务经理王方、总经理孙涛，进行"审核单据"。

（3）点击"银行办理"，带上单据（转账支票正联、进账单）找银行对公柜员。

（4）带上单据（付款申请书、转账支票、进账单），去"单据库"领取"银行存款日记账"并填写相关信息，如图 5-12 所示。

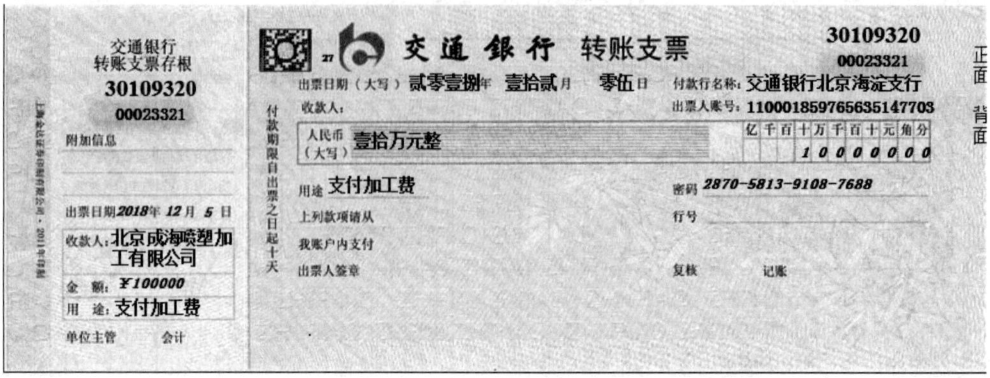

交通银行
转账支票存根
30109320
00023321
附加信息

出票日期2018年 12月 5日
收款人：北京成海喷塑加工有限公司
金 额：¥100000
用 途：支付加工费
单位主管 会计

交通银行 转账支票 30109320 00023321
出票日期（大写）贰零壹捌年 壹拾贰月 零伍日 付款行名称：交通银行北京海淀支行
收款人： 出票人账号：110001859765635147703
付款期限自出票之日起十天
人民币（大写）壹拾万元整

亿	千	百	十	万	千	百	十	元	角	分
			1	0	0	0	0	0	0	0

用途 支付加工费 密码 2870-5813-9108-7688
上列款项请从 行号
我账户内支付
出票人签章 复核 记账

正面 背面

图 5－9 转账支票

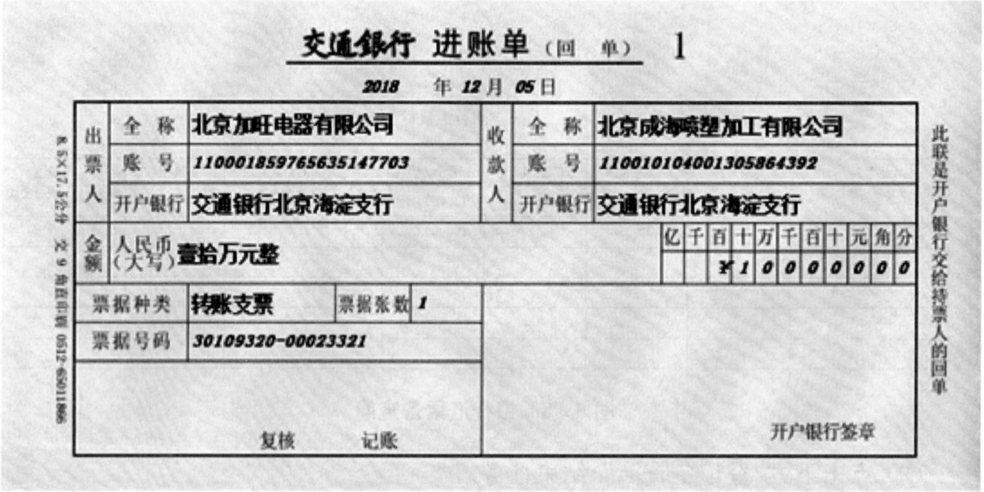

交通银行 进账单（回 单） 1

2018 年 12月 05日

出票人	全 称	北京加旺电器有限公司	收款人	全 称	北京成海喷塑加工有限公司
	账 号	110001859765635147703		账 号	110010104001305864392
	开户银行	交通银行北京海淀支行		开户银行	交通银行北京海淀支行
金额	人民币（大写）	壹拾万元整			¥10000000（亿千百十万千百十元角分）
票据种类	转账支票	票据张数 1			
票据号码	30109320-00023321				
复核 记账			开户银行签章		

此联是开户银行交给持票人的回单

图 5－10 进账单

支票领、用、存登记簿

支票种类 转账支票 编号008

2018 年		摘要	购入		使用					结存数量	签名
月	日		数量	支票起止号码	数量	支票号码	用途	收款人	金额		
11	30	支付货款			1	00023320	支付货款	北京富强钢铁有限么	¥100000.00	10	张睿轩
12	5	支付加工费			1	00023321	支付加工费	北京成海喷塑加工有	¥100000	9	张睿轩

图 5－11 支票登记簿

银行存款日记账

开户行：交通银行北京海淀支行
账　号：110001859765635147703

月	日	种类	号数	摘要	借方亿	千	百	十	万	千	百	十	元	角	分	贷方亿	千	百	十	万	千	百	十	元	角	分	余额亿	千	百	十	万	千	百	十	元	角	分	核对
11	30			承前页		1	1	2	1	7	6	9	2	4	1		1	2	1	4	7	8	2	9	5	8				1	4	7	6	9	0	7	5	☐
12	01	记	002	向股东借款				5	0	0	0	0	0	0	0															6	4	7	6	9	0	7	5	☐
12	01			本日合计				5	0	0	0	0	0	0	0															6	4	7	6	9	0	7	5	☐
12	02	记	004	销售商品						2	7	8	4	0	0															6	5	0	4	7	4	7	5	☐
12	02			本日合计						2	7	8	4	0	0															6	5	0	4	7	4	7	5	☐
12	05	记	013	缴纳印花税																	3	0	7	6	6	2				6	4	7	3	9	8	1	3	☐
12	05	记	014	缴纳增值税																1	0	9	5	9	5	0				6	3	6	4	3	8	6	3	☐
12	05	记	015	缴纳个人所得税																	2	4	8	9	8	6				6	3	3	9	4	8	7	7	☐
12	05	记	016	缴纳城建税、教育费附加、地方教育费附加																	1	3	1	5	1	4				6	3	2	6	3	3	6	3	☐
12	05	记	017	开具银行汇票															1	0	0	0	0	0	0	0				5	3	2	6	3	3	6	3	☐
12	05	记	017	支付银行手续费																			5	0	0	0				5	3	2	5	8	3	6	3	☐
12	05			支付成海加工费															1	0	0	0	0	0	0	0				4	3	2	5	8	3	6	3	☐

图 5-12　银行存款日记账

3. 任务3

【我的任务】　填制单据、登账。2018年12月6日，提取备用金。据此填制单据并登记相关账簿。

【实训要求】　填制单据、登账。

【操作指导】

(1) 阅读单据列表信息。

(2) "单据库"领取"现金支票"及"支票登记簿"，使用密码器，并填写相关信息，如图5-13～图5-15所示。

交通银行
现金支票存根
30109310
00153320

附加信息

出票日期 2018年 12月 06日
收款人：北京加旺电器有限公司
金　额：￥49000.00
用　途：提取备用金
单位主管　　会计

交通银行　现金支票
27
30109310
00153320

出票日期（大写）贰零壹捌年 壹拾贰月 零陆日　　付款行名称：交通银行北京海淀支行
收款人：北京加旺电器有限公司　　　　　　　　出票人账号：110001859765635147703
人民币（大写）肆万玖仟元整　　￥4900000
用途：提取备用金　　　　　　　密码：2870-5727-5113-8688
上列款项请从
我账户内支付
出票人签章　　　　复核　　　记账

正面　背面

图 5-13　现金支票

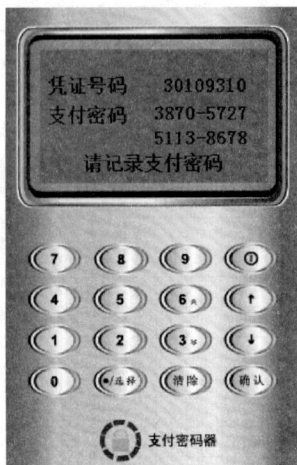

图 5-14 密码器

图 5-15 支票登记簿

【注意】

① 密码器答案与系统答案不相符。

② "结算数量"代表支票还剩余多少张。

（3）带上单据（现金支票、提现申请单），找财务经理王方、总经理孙涛，审核单据。

（4）剪下现金支票存根联，带上单据现金支票正联，找银行对公柜员办理银行业务。

（5）带上现金支票存根联，并在"单据库"领取"现金日记账"和"银行存款日记账"，并填写相关信息，如图 5-16、图 5-17 所示。

图 5-16 现金日记账

银行存款日记账

开户行：交通银行北京海淀支行
账　号：11000185976563514 7703

月	日	种类	号数	摘要	借方 亿	千	百	十	万	千	百	十	元	角	分	贷方 亿	千	百	十	万	千	百	十	元	角	分	余额 亿	千	百	十	万	千	百	十	元	角	分	核对
11	30			承前页		1	1	2	1	7	6	9	2	4	1		1	2	1	4	7	8	2	9	5	8				1	4	7	6	9	0	7	5	☐
12	01	记	002	向股东借款				5	0	0	0	0	0	0	0															6	4	7	6	9	0	7	5	☐
12	01			本日合计				5	0	0	0	0	0	0	0															6	4	7	6	9	0	7	5	☐
12	02	记	004	销售商品						2	7	8	4	0	0															6	5	0	4	7	4	7	5	☐
12	02			本日合计						2	7	8	4	0	0															6	5	0	4	7	4	7	5	☐
12	05	记	013	缴纳印花税																	3	0	7	6	6	2				6	4	7	3	9	8	1	3	☐
12	05	记	014	缴纳增值税																1	0	9	5	9	5	0				6	3	6	4	3	8	6	3	☐
12	05	记	015	缴纳个人所得税																	2	4	8	9	8	6				6	3	3	9	4	8	7	7	☐
12	05	记	016	缴纳城建税、教育费附加、地方教育费附加																	1	3	1	5	1	4				6	3	2	6	3	3	6	3	☐
12	05	记	017	开具银行汇票															1	0	0	0	0	0	0	0				5	3	2	6	3	3	6	3	☐
12	05	记	017	支付银行手续费																			5	0	0	0				5	3	2	5	8	3	6	3	☐
12	05	记	019	支付成衣加工费															1	0	0	0	0	0	0	0				4	3	2	5	8	3	6	3	☐
12	05			本日合计															2	1	7	8	9	1	1	2				4	3	2	5	8	3	6	3	☐
12	06			提现																4	9	0	0	0	0	0				3	8	3	5	8	3	6	3	☐

图 5-17　银行存款日记账

4. 任务 4

【我的任务】　收款、登账。2018 年 12 月 7 日，收到北京思宁电器有限公司货款，据此登记相关账簿。

【实训要求】　收款、登账。

【操作指导】

(1) 阅读单据列表信息。

(2) "单据库"领取"银行存款日记账"，并填写相关信息。

5. 任务 5

【我的任务】　付款、登账。2018 年 12 月 8 日，员工预借差旅费，据此办理付款业务并登记相关账簿（出纳用现金支付）。

【实训要求】　付款、登账。

【操作指导】

(1) 阅读单据列表信息。

(2) 出纳自行审核借款单，并加盖"现金付讫"，如图 5-18 所示。

(3) "单据库"领取"现金日记账"。

6. 任务 6

【我的任务】　收款、登账。2018 年 12 月 13 日，员工报销差旅费并归还借款。据此填制相关单证并登记相关账簿。

【实训要求】　收款、登账。

【操作指导】

(1) 阅读单据列表信息。

（2）“单据库”领取“收款收据”，填写相关信息并盖章，注意填写三个联次（存根联、交对方联、交财务联），如图 5－19～图 5－21 所示。

借 款 单

2018 年 12 月 08 日　　第12001　号

借款部门	采购部	姓名	叶广淮	事由	预借差旅费
借款金额（大写）	零万叁仟伍佰零拾零元零角零分　¥ 3500.00				
部门负责人签署	成宝凤	借款人签章	叶广淮	注意事项	一、凡借用公款必须使用本单 二、出差返回后三天内结算 现金付讫
单位领导批示	孙涛	财务经理审核意见	王方		

图 5－18　借款单

收 款 收 据

2018 年 12 月 13 日　　NO.00490021

今 收 到　叶广淮

交 来：　归还预借差旅费　现金收讫

金额（大写）　零佰　零拾　零万　壹仟　壹佰　捌拾　零元　零角　零分

¥ 1180　☑现金　☐支票　☐信用卡　☐其他　收款单位（盖章）

第一联存根

核准　会计　记帐　出纳 张春轩　经手人

图 5－19　收款收据(第一联)

联次：存根联 交对方 交财务

收 款 收 据

2018 年 12 月 13 日　　NO.00490021

今 收 到　叶广淮

交 来：　归还预借差旅费　现金收讫

金额（大写）　零佰　零拾　零万　壹仟　壹佰　捌拾　零元　零角　零分

¥ 1180.00　☑现金　☐支票　☐信用卡　☐其他　收款单位（盖章）

第二联交对方

核准　会计　记帐　出纳 张春轩　经手人

图 5－20　收款收据(第二联)

联次：存根联 交对方 交财务

收 款 收 据　　NO.00490021

2018 年 12 月 13 日

今 收 到	叶广淮
交 来：	归还预借差旅费
金额（大写）	零佰 零拾 零万 壹仟 壹佰 捌拾 零元 零角 零分
¥ 1180.00	☑现金 □支票 □信用卡 □其他　收款单位（盖章）

现金收讫

第三联交财务

核准　会计　记账　出纳 张春轩　经手人

图 5－21 收款收据(第三联)

(3) 提交单据(差旅费报销单、收款收据等相关单据)，找财务经理王方审核。

(4) 让采购员叶广淮签收单据(收款收据)。

(5) 出纳领取相关单据，并在“单据库”领取“现金日记账”，填写相关信息。

7. 任务 7

【我的任务】 缴纳工会经费。2018 年 12 月 15 日，签发转账支票支付上月工会经费并据此登记相关账簿。

【实训要求】 缴纳工会经费。

【操作指导】

(1) 阅读单据列表信息。

(2)“单据库”提取“转账支票”“转账支票登记簿”和“行政拨交工会经费缴款书”，并填写相关信息，如图 5－22 所示。

工会专用结算凭证（行政拨交工会经费缴款书）

缴款日期 2018 年 12 月 15 日

付款单位	全 称	北京加旺电器有限公司	收款单位	全 称	北京市海淀区工会委员会
	帐 号	110001859765635147703		帐 号	110023763908890634890
	开户银行	交通银行北京海淀支行		开户银行	交通银行北京海淀支行
所属月份		11	职工人数		246人
上月职工工资总额		592157.42	按 2%计应缴交经费		11843.15
迟交天数			按 1%计应缴滞纳金		
合计金额（大写）		壹万壹仟捌佰肆拾叁元壹角伍分			¥ 1 1 8 4 3 1 5（十 万 千 百 十 元 角 分）
缴款单位盖章		工会委员会盖章　年 月 日		银行盖章	年 月 日

此联交缴款单位作回单

图 5－22 行政拨交工会经费缴款书

(3) 提交单据(付款申请书、工会经费计算表、转账支票等),找财务经理王方和总经理孙涛审核单据。

(4) 剪下转账支票存根联,提交单据(转账支票正联和行政拨交工会经费缴款书)给银行对公柜员办理转账。

(5) 出纳提交单据(付款申请书、工会经费计算表、转账支票等),并去“单据库”领取“银行存款日记账”,填写相关信息。

8. 任务 8

【我的任务】 付款、登账。2018 年 12 月 15 日,支付上个月工资并登记账簿。

【实训要求】 付款、登账。

【操作指导】

(1) 阅读单据列表信息。

(2) “单据库”领取“转账支票”“支票登记簿”和“进账单”,并填写相关信息,如图 5-23 所示。

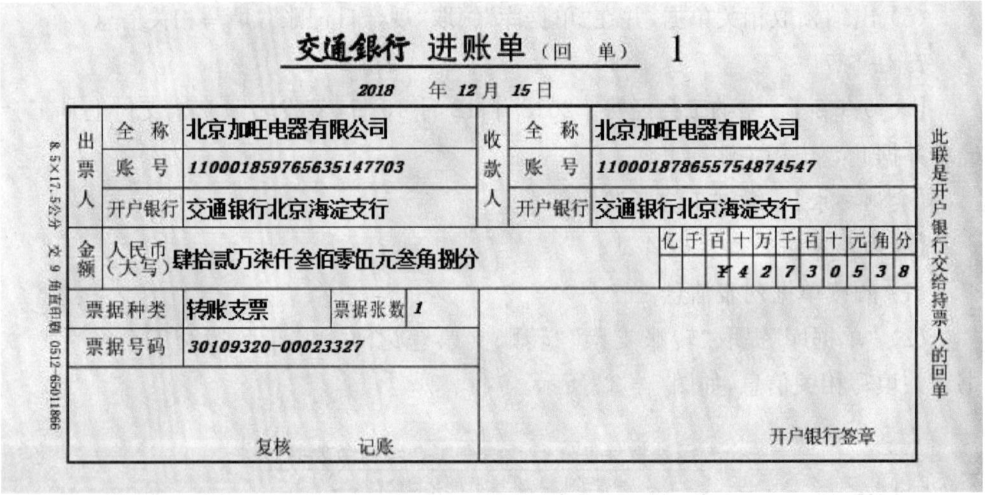

交通银行 进账单(回 单) 1

2018 年 12 月 15 日

出票人	全 称	北京加旺电器有限公司	收款人	全 称	北京加旺电器有限公司
	账 号	110001859765635147703		账 号	110001878655754874547
	开户银行	交通银行北京海淀支行		开户银行	交通银行北京海淀支行
金额	人民币(大写)	肆拾贰万柒仟叁佰零伍元叁角捌分	亿千百十万千百十元角分		¥42730538
票据种类	转账支票	票据张数 1			
票据号码	30109320-00023327				
	复核 记账		开户银行签章		

8.5×17.5公分 交 9 角直印刷 0512-65011866

此联是开户银行交给持票人的回单

图 5-23 进账单

(3) 提交单据(转账支票、进账单和工资发放表等),分别找财务经理王方和总经理孙涛审核单据。

(4) 剪下转账支票存根联,提交相关单据,找银行对公柜员办理转账。

(5) 出纳提交单据,在“单据库”领取“银行存款日记账”,并登记账簿。

5.1.2 费用会计岗位

1. 任务 1

【我的任务】 填制凭证、登账。2018 年 12 月 1 日,北京加旺电器有限公司向股东借款,用于生产经营。据此填制记账凭证并登记相关账簿。(记账凭证 002 号)

【实训要求】 填制凭证、登账。

【操作指导】

(1) 阅读操作界面右边单据列表的信息。

(2) 领取通用记账凭证,执行"单据库"→"会计凭证类"→"通用记账凭证 1 张"→"就拿这些"命令,关闭对话框。

(3) 在操作界面右边单据列表中选择"记账凭证",填制记账凭证,并在其制单栏签字或签章(黑色,如图 5 - 24 所示)。

记 账 凭 证

记字第 002 号

2018 年 12 月 01 日

摘 要	总账科目	明细科目	借方金额 亿千百十万千百十元角分	贷方金额 亿千百十万千百十元角分	√
向股东借款	银行存款	交通银行北京海淀支行	5 0 0 0 0 0 0 0		
	其他应付款	关山		5 0 0 0 0 0 0 0	
	合	计			

会计主管: 记账: 出纳: 复核: 制单: 何双希

附单据 2 张

图 5 - 24 记账凭证

(4) 带上单据(进账单、借款合同和记账凭证)找总账会计陈冰,进行"审核凭证"。

(5) 带上单据(进账单、借款合同和记账凭证)找出纳登账。

2. 任务 2

【我的任务】 填制凭证、登账。2018 年 12 月 4 日,北京加旺电器有限公司向北京速达运输有限公司托运货物,发生运费。据此编制凭证并登记账簿。(记账凭证 010 号)增值税专用发票(发票联)作为记账附件,增值税专用发票(抵扣联)递交给税务会计装订成册。

【实训要求】 填制凭证、登账。

【操作指导】

(1) 阅读操作界面右边单据列表的信息。

(2) 领取通用记账凭证。

(3) 在操作界面右边单据列表中选择"记账凭证",填制记账凭证,并在其制单栏签字或签章(黑色,如图 5 - 25 所示)。

(4) 带上单据[增值税专用发票(发票联)和记账凭证],找总账会计审核。

(5) 带上单据[增值税专用发票(发票联)和记账凭证],办理业务。

记 账 凭 证

记字第 010 号

2018 年 12 月 04 日

摘要	总账科目	明细科目	借方金额	贷方金额	√
收到运费发票	销售费用	运输费	193000		☐
	应交税费	应交增值税（进项税额）	19300		☐
	应付账款	北京速达运输有限公司		212300	☐
					☐
					☐
					☐
合		计	¥212300	¥212300	☐

附单据 1 张

会计主管：　记账：　出纳：　复核：　制单：何双希

图 5－25　记账凭证

(6) 领取销售费用明细账，执行“单据库”→“账簿类”→“多栏式账簿”→“就拿这些”命令，关闭对话框。

(7) 在操作界面右边单据列表中选择“销售费用明细账”并登记，如图 5－26 所示。

正面　背面　分页：＿＿＿总页：＿＿＿

＿＿＿级科目：

＿＿＿级科目：

销售费用明细账

2018年 月	日	凭证号数	摘要	借方	贷方	借或贷	余额	职工福利	折旧费	运输费
11	30		承前页	63798270	63798270	平	000			
12	02	记-007	收到运费发票	45000		借	45000			45000
12	04	记-010	收到运费发票	193000		借	238000			193000

图 5－26　销售费用明细账

(8) 在操作界面右边单据列表中选择“记账凭证”，登记销售费用科目对应的记账标记，并在其记账栏签字或签章(黑色，如图 5－27 所示)。

记 账 凭 证

记字第 010 号

2018 年 12 月 04 日

摘要	总账科目	明细科目	借方金额	贷方金额	√
收到运费发票	销售费用	运输费	193000		☑
	应交税费	应交增值税（进项税额）	19300		☐
	应付账款	北京速达运输有限公司		212300	☐
					☐
					☐
					☐
合		计	¥212300	¥212300	☐

附单据 1 张

会计主管：　记账：何双希　出纳：　复核：陈冰　制单：何双希

图 5－27　记账凭证

3. 任务 3

【我的任务】 **登账**。2018 年 12 月 5 日，申请银行汇票发生费用。据此登记相关账簿。

【实训要求】 登账。

【操作指导】

(1) 阅读操作界面右边单据列表的信息。

(2) 领取财务费用明细账，执行“单据库”→“账簿类”→“多栏式账簿”→“就拿这些”命令，关闭对话框。

(3) 在操作界面右边单据列表中选择“财务费用明细账”，并参考会计凭证相关信息登记账簿，如图 5－28 所示。

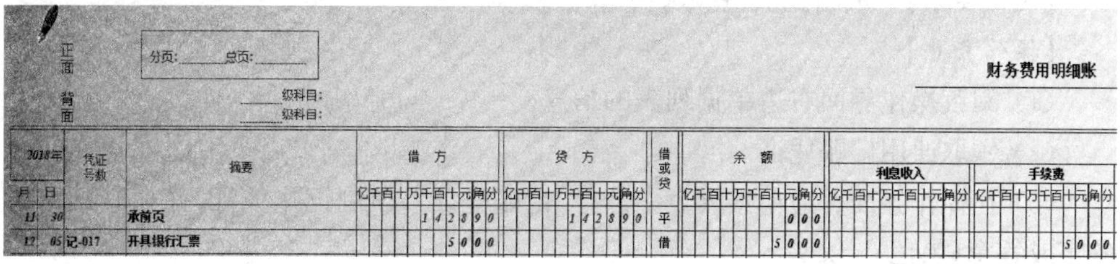
正面 背面 分页:＿＿ 总页:＿＿

＿＿级科目:
＿＿级科目:

财务费用明细账

2018年 月	日	凭证号数	摘要	借方	贷方	借或贷	余额	利息收入	手续费
11	30		承前页	142890	142890	平	000		
12	05	记-017	开具银行汇票	5000		借	5000		5000

图 5－28　财务费用明细账

(4) 在操作界面右边单据列表中选择“记账凭证”，登记财务费用科目对应的记账标记，并在其记账栏签字或签章(黑色)。

4. 任务 4

【我的任务】 **填制凭证**。2018 年 12 月 6 日，提取备用金。据此编制记账凭证。(记账凭证 021 号)

【实训要求】 填制凭证。

【操作指导】

(1) 阅读操作界面右边单据列表的信息。

(2) 领取通用记账凭证。

(3) 在操作界面右边单据列表中选择“记账凭证”，填制记账凭证，并在其制单栏签字。

(4) 带上单据[提现申请单、现金支票(交通银行)和记账凭证]，找总账会计进行“审核凭证”。

(5) 带上单据[提现申请单、现金支票(交通银行)和记账凭证]，找出纳登账。

5. 任务 5

【我的任务】 **填制凭证、登账**。2018 年 12 月 8 日，员工预借差旅费。据此编制记账凭证并登记相关账簿。(记账凭证 023 号)

【实训要求】 填制凭证、登账。

【操作指导】

(1) 阅读操作界面右边单据列表的信息。

(2) 领取并填制、审核记账凭证。

(3) 在操作界面右边单据列表中选择"记账凭证",填制记账凭证,并在其制单栏签字或签章(黑色)。

(4) 带上单据(借款单和记账凭证),找总账会计进行"审核凭证"。

(5) 带上单据(借款单和记账凭证),找出纳登账。

6. 任务6

【我的任务】 填制凭证、登账。2018 年 12 月 13 日,员工报销差旅费并归还借款。据此编制记账凭证并登记相关账簿。(记账凭证 030 号)

【实训要求】 填制凭证、登账。

【操作指导】

(1) 阅读操作界面右边单据列表的信息。

(2) 领取通用记账凭证。

(3) 在操作界面右边单据列表中选择"记账凭证",填制记账凭证,并在其制单栏签字或签章(黑色)。

(4) 带上相关单据和记账凭证,找总账会计审核。

(5) 带上相关单据和记账凭证,找出纳登账。

(6) 领取管理费用明细账,执行"单据库"→"账簿类"→"多栏式账簿"→"就拿这些"命令,关闭对话框。

(7) 在操作界面右边单据列表中选择"管理费用明细账",并参考会计凭证相关信息登记账簿。

(8) 在操作界面右边单据列表中选择"记账凭证",登记管理费用科目对应的记账标记,并在其记账栏签字或签章(黑色)。

7. 任务7

【我的任务1】 填制凭证、登账。2018 年 12 月 15 日,支付上个月工会经费。据此填制记账凭证并登记相关账簿。(记账凭证 037 号)

【实训要求】 填制凭证、登账。

【操作指导】

(1) 阅读操作界面右边单据列表的信息。

(2) 领取通用记账凭证。

(3) 在操作界面右边单据列表中选择"记账凭证",填制记账凭证,并在其制单栏签字或签章(黑色)。

(4) 带上相关单据和记账凭证,找总账会计审核。

(5) 带上相关单据和记账凭证,找出纳登账。

(6) 领取应付职工薪酬明细账,执行"单据库"→"账簿类"→"三栏式账簿"→"就拿这些"命令,关闭对话框。

(7) 在操作界面右边单据列表中选择"应付职工薪酬明细账",并参考会计凭证相关信息登记账簿。

(8) 在操作界面右边单据列表中选择"记账凭证",登记应付职工薪酬科目对应的记账标记,并在其记账栏签字或签章(黑色)。

【我的任务2】 **填制凭证、登账。**2018 年 12 月 15 日,支付上个月工资。据此编制记账凭证并登记相关账簿。(记账凭证 039 号)

【实训要求】 填制凭证、登账。

【操作指导】

参考 2018 年 12 月 15 日**【我的任务1】**。

8. 任务 8

【我的任务】 **登账。**2018 年 12 月 31 日,计提本月企业所得税。据此登记相关账簿。

【实训要求】 登账。

【操作指导】

(1) 阅读操作界面右边单据列表的信息。

(2) 领取所得税明细账,执行"单据库"→"账簿类"→"三栏式账簿"→"就拿这些"命令,关闭对话框。

(3) 在操作界面右边单据列表中选择"所得税明细账",并参考会计凭证相关信息登记账簿。

(4) 在操作界面右边单据列表中选择"记账凭证",登记所得税费用对应的记账标记,并在其记账栏签章。

5.1.3 财产物资会计岗位

1. 任务 1

【我的任务】 **填制凭证、登账。**2018 年 12 月 1 日,北京加旺电器有限公司委托天津海文商贸有限公司代销商品,商品已发出,据此编制凭证并登记账簿。(记账凭证 001 号)

【实训要求】 填制凭证、登账。

【操作指导】

(1) 阅读操作界面右边单据列表的信息(销售成本计算表、出库单、委托代销发货单)。

(2) 领取记账凭证。

(3) 点击操作界面右边新增的"记账凭证"进行填写。

(4) 保存信息后,单击"填制凭证"。

(5) 带上单据(销售成本计算表、出库单、委托代销发货单和记账凭证),找总账会计陈冰审核。

（6）领取发出商品明细账和库存商品明细账，执行"单据库"→"账簿类"→"数量金额式账簿"（6张）→"就拿这些"命令，关闭对话框。

（7）在操作界面右边单据列表中选择"发出商品明细账"和"库存商品明细账"，并参考会计凭证相关信息登记账簿，如图5-29、图5-30所示。

发出商品-海文明细账

编号、名称：空调　规格：KFR-23GW　类别：委托代销商品
存放地点：天津海文商贸　计量单位：台

2018年		凭证字号	摘要	收入			付出			结存		
月	日			数量	单价	金额	数量	单价	金额	数量	单价	金额
11	30		承前页	240	1364.21	327410.40	240	1364.21	327410.40			0.00
12	01	记-001	代销发出货物	130	1364.21	177347.30				130	1364.21	177347.30

发出商品-海文明细账

编号、名称：空调　规格：KFR-26GW　类别：委托代销商品
存放地点：天津海文商贸　计量单位：台

2018年		凭证字号	摘要	收入			付出			结存		
月	日			数量	单价	金额	数量	单价	金额	数量	单价	金额
11	30		承前页	245	2050.40	502348.00	245	2050.40	502348.00			0.00
12	01	记-001	代销发出货物	150	2050.40	307560.00				150	2050.40	307560.00

发出商品-海文明细账

编号、名称：空调　规格：KFR-45LW　类别：委托代销商品
存放地点：天津海文商贸　计量单位：台

2018年		凭证字号	摘要	收入			付出			结存		
月	日			数量	单价	金额	数量	单价	金额	数量	单价	金额
11	30		承前页	246	2042.07	502348.00	246	2042.07	502348.00			0.00
12	01	记-001	代销发出货物	50	2043.99	102199.50				50	2043.99	102199.50

图 5-29　发出商品明细账

库存商品明细账

编号、名称：空调　规格：KFR-23GW　类别：产成品
存放地点：成品仓库　计量单位：台

2018年		凭证字号	摘要	收入			付出			结存		
月	日			数量	单价	金额	数量	单价	金额	数量	单价	金额
11	30		承前页	9630	1364.38	13138993.0	9777	1364.11	13336875.95	130	1364.21	177347.30
12	01	记-001	发出代销货物				130	1364.21	177347.30			0.00

库存商品明细账

编号、名称：空调　规格：KFR-26GW　类别：产成品
存放地点：成品仓库　计量单位：台

2018年		凭证字号	摘要	收入			付出			结存		
月	日			数量	单价	金额	数量	单价	金额	数量	单价	金额
11	30		承前页	3050	2049.83	6251983.15	3350	2050.40	6868823.15	150	2050.40	307560.00
12	01	记-001	发出代销货物				150	2050.40	307560.00			0.00

库存商品明细账

编号、名称：空调　规格：KFR-45LW　类别：产成品
存放地点：成品仓库　计量单位：台

2018年		凭证字号	摘要	收入			付出			结存		
月	日			数量	单价	金额	数量	单价	金额	数量	单价	金额
11	30		承前页	235	2043.99	480337.65	336	2043.99	686780.64	295	2043.99	602977.05
12	01	记-001	发出代销货物				50	2043.99	102199.50	245	2043.99	500777.55

图 5-30　库存商品明细账

（8）在操作界面右边单据列表中选择"记账凭证"，登记记账凭证的记账标记，并在其记账栏签章，如图 5-31 所示。

记 账 凭 证

记字第 001 号

2018 年 12 月 01 日

摘 要	总账科目	明细科目	借 方 金 额										贷 方 金 额										√
			亿	千	百	十	万	千	百	十	元	角	分	亿	千	百	十	万	千	百	十	元	角	分	
发出代销货物	发出商品	天津海文商贸有限公司空调KFR-23GW				1	7	7	3	4	7	3	0												√
	发出商品	天津海文商贸有限公司空调KFR-26GW				3	0	7	5	6	0	0	0												√
	发出商品	天津海文商贸有限公司空调KFR-45LW				1	0	2	1	9	9	5	0												√
	库存商品	产成品-空调KFR-23GW															1	7	7	3	4	7	3	0	√
	库存商品	产成品-空调KFR-26GW															3	0	7	5	6	0	0	0	√
	库存商品	产成品-空调KFR-45LW															1	0	2	1	9	9	5	0	√
合		计													¥	5	8	7	1	0	6	8	0	¥	5	8	7	1	0	6	8	0	

会计主管：　记账：刘洋洋　出纳：　复核：陈冰　制单：刘洋洋

附单据3张

图 5-31 记账凭证

2. 任务2

【我的任务】 填制凭证、登账。2018 年 12 月 2 日，收到北京成海喷塑加工有限公司加工完成后发回的货物，据此编制记账凭证及登记相关账簿。（记账凭证 003 号）增值税专用发票（发票联）作为记账附件，增值税专用发票（抵扣联）递交给税务会计装订成册。

【实训要求】 填制凭证、登账。

【操作指导】

（1）阅读操作界面右边单据列表的信息（委托加工收料单、增值税专用发票）。

（2）领取记账凭证。

（3）点击操作界面右边新增的"记账凭证"，进行填写，如图 5-32 所示。

记 账 凭 证

记字第 003 号

2018 年 12 月 02 日

摘 要	总账科目	明细科目	借 方 金 额										贷 方 金 额										√
			亿	千	百	十	万	千	百	十	元	角	分	亿	千	百	十	万	千	百	十	元	角	分	
收到委托加工半成品	委托加工物资	加工费-空调外机外壳KFR-23GW						2	2	1	7	6	0												
	应交税费	应交增值税-进项税额							3	5	4	8	2												
	应付账款	北京成海喷塑加工有限公司																	2	5	7	2	4	2	
合		计						¥	2	5	7	2	4	2					¥	2	5	7	2	4	2	

会计主管：　记账：　出纳：　复核：陈冰　制单：刘洋洋

附单据2张

图 5-32 记账凭证

（4）保存信息后，单击"填制凭证"。

（5）带上单据（委托加工收料单、增值税专用发票和记账凭证），找总账会计陈冰审核。

（6）领取委托加工物资细账，执行"单据库"→"账簿类"→"三栏式账簿"（1张）→"就拿这些"命令，关闭对话框。

（7）在操作界面右边单据列表中选择"委托加工物资明细账"，并参考会计凭证相关信息登记账簿，如图5-33所示。

分页： 总页：			委托加工物资明细账																										
二、级科目：加工费						级科目：																							
2018 年		凭证		摘 要	日页	借 方									贷 方									借或贷	余 额						
月	日	种类	号数			亿	千	百	十	万	千	百	十	元	角	分	亿	千	百	十	万	千	百	十	元	角	分		
11	30			承前页				4	8	7	8	7	2	0					4	8	7	8	7	2	0			平					0	0	0
12	02	记	003	收到委托加工半成品					2	2	1	7	6	0														借				2	2	1	7	6	0

图5-33 委托加工物资明细账

（8）在操作界面右边单据列表中选择"记账凭证"，登记记账凭证的记账标记，并在其记账栏签章，如图5-34所示。

记 账 凭 证

记字第 003 号

2018 年 12 月 02 日

摘 要	总账科目	明细科目	借 方 金 额										贷 方 金 额										√
			亿	千	百	十	万	千	百	十	元	角	分	亿	千	百	十	万	千	百	十	元	角	分	
收到委托加工半成品	委托加工物资	加工费-空调外机外壳KFR-23GW						2	2	1	7	6	0												✓
	应交税费	应交增值税-进项税额							3	5	4	8	2												
	应付账款	北京成海喷塑加工有限公司																2	5	7	2	4	2	
合 计							¥	2	5	7	2	4	2					¥	2	5	7	2	4	2	

附单据 2 张

会计主管： 记账：刘洋洋 出纳： 复核：陈冰 制单：刘洋洋

图5-34 记账凭证

3. 任务3

【我的任务】 填制凭证、登账。2018年12月5日，出纳交来申请银行汇票的单据。据此编制记账凭证并登记相关账簿。（记账凭证017号）

【实训要求】 填制凭证、登账。

【操作指导】

（1）阅读操作界面右边单据列表的信息［结算业务申请书（交通银行）、付款申请书、付款通知书（交通银行）和银行汇票（通用）复印件］。

（2）领取记账凭证。

（3）点击操作界面右边新增的"记账凭证"进行填写。

（4）保存信息后,单击"填制凭证"。

（5）带上单据[结算业务申请书(交通银行)、付款申请书、付款通知书(交通银行)、银行汇票(通用)复印件和记账凭证],找总账会计陈冰审核。

（6）带上单据[结算业务申请书(交通银行)、付款申请书、付款通知书(交通银行)、银行汇票(通用)复印件和记账凭证],找出纳登记账簿。

（7）领取其他货币资金明细账,执行"单据库"→"账簿类"→"三栏式账簿"(1张)→"就拿这些"命令,关闭对话框。

（8）在操作界面右边单据列表中选择"其他货币资金明细账",并参考会计凭证相关信息登记账簿,如图 5 - 35 所示。

图 5 - 35　其他货币资金明细账

（9）在操作界面右边单据列表中选择"记账凭证",登记记账凭证的记账标记,并在其记账栏签章。

4. 任务 4

【我的任务】　登账。2018 年 12 月 5 日,银行汇票支付辉达(天津)贸易有限公司货款。据此登记相关账簿。

【实训要求】　登账。

【操作指导】

（1）阅读操作界面右边单据列表的信息[付款申请书、银行汇票(通用)复印件]。

（2）领取其他货币资金明细账。

（3）在操作界面右边单据列表中选择"其他货币资金明细账",并参考会计凭证相关信息登记账簿。

（4）在操作界面右边单据列表中选择"记账凭证",登记记账凭证的记账标记,并在其记账栏签章。

5.1.4　往来会计岗位

1. 任务 1

【我的任务】　登账。2018 年 12 月 1 日,北京加旺电器有限公司向股东借款,用于生产经营。据此登记相关账簿。

【实训要求】 登账。

【操作指导】

(1) 阅读操作界面右边单据列表的信息(借款合同、进账单、记账凭证)。

(2) 领取其他应付款明细账,执行“单据库”→“账簿类”→“三栏式账簿”→“就拿这些”命令,关闭对话框。

(3) 在操作界面右边单据列表中选择“其他应付款明细账”,并参考会计凭证相关信息登记账簿,如图 5-36 所示。

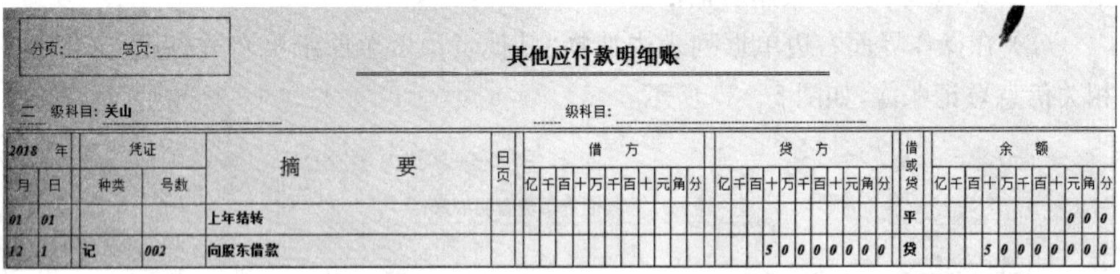

其他应付款明细账

分页:______总页:______

二级科目:关山 级科目:

2018年 月	日	凭证 种类	号数	摘要	日页	借方	贷方	借或贷	余额
01	01			上年结转				平	000
12	1	记	002	向股东借款			50000000	贷	50000000

图 5-36 其他应付款明细账

(4) 在操作界面右边单据列表中选择“记账凭证”,登记记账凭证的记账标记,并在其记账栏签章,如图 5-37 所示。

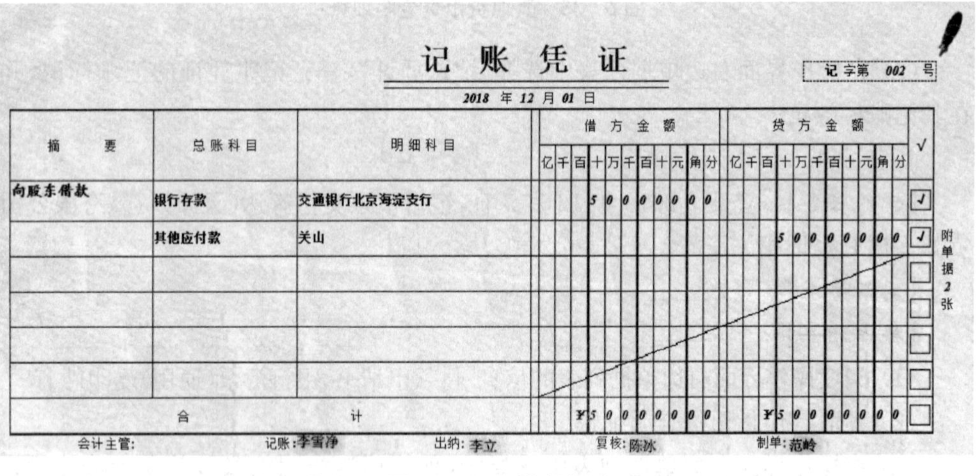

记账凭证

记字第 002 号

2018 年 12 月 01 日

摘要	总账科目	明细科目	借方金额	贷方金额	√
向股东借款	银行存款	交通银行北京海淀支行	50000000		√
	其他应付款	关山		50000000	√
合计			¥50000000	¥50000000	

附单据 2 张

会计主管: 记账:李雪净 出纳:李立 复核:陈冰 制单:范岭

图 5-37 记账凭证

2. 任务 2

【我的任务】 登账。2018 年 12 月 2 日,收到北京成海喷塑加工有限公司加工完成后发回的货物,据此登记相关账簿。

【实训要求】 登账。

【操作指导】

参考 2018 年 12 月 1 日业务(任务 1)。

3. 任务3

【我的任务】 登账。2018 年 12 月 4 日,北京加旺电器有限公司向北京速达运输有限公司托运货物,发生运费。据此登记相关账簿。

【实训要求】 登账。

【操作指导】

参考 2018 年 12 月 1 日业务(任务 1)。

4. 任务4

【我的任务 1】 填制凭证、登账。2018 年 12 月 5 日,银行汇票支付辉达(天津)贸易有限公司货款。据此编制记账凭证并登记相关账簿。(记账凭证 018 号)

【实训要求】 填制凭证、登账。

【操作指导】

(1) 阅读操作界面右边单据列表的信息[付款申请书、银行汇票(通用)复印件]。

(2) 领取记账凭证。

(3) 点击操作界面右边新增的"记账凭证",进行填写并找总账会计陈冰审核,如图 5 - 38 所示。

图 5 - 38　记账凭证

(4) 提交单据,到"单据库"领取"三栏式账簿",参考会计凭证相关信息登记账簿。

(5) 在操作界面右边单据列表中选择"记账凭证",登记记账凭证的记账标记,并在其记账栏签章。

【我的任务 2】 填制凭证、登账。2018 年 12 月 5 日,支付北京成海喷塑加工有限公司加工费。据此编制凭证并登记账簿。(记账凭证 019 号)

【实训要求】 填制凭证、登账。

【操作指导】

(1) 领取记账凭证并填写、审核。

(2) 领取三栏式账簿,登记账簿。

5. 任务5

【**我的任务**】 **填制凭证、登账**。2018 年 12 月 7 日,收到北京思宁电器有限公司货款,据此编制记账凭证并登记相关账簿。(记账凭证 022 号)

【**实训要求**】 填制凭证、登账。

【**操作指导**】

(1) 阅读操作界面右边单据列表的信息[付款申请书、银行汇票(通用)复印件]。

(2) 领取并填制、审核记账凭证,点击操作界面右边新增的"记账凭证"进行填写,填好后,交给总账会计审核,审核无误后提交出纳登记日记账。

(3) "单据库"领取"三栏式账簿",登记账簿。

(4) 在单据列表中选择"记账凭证",登记记账凭证的记账标记,并在其记账栏签章,同时领取应付账款明细账。

6. 任务6

【**我的任务**】 **登账**。2018 年 12 月 8 日,员工预借差旅费。据此登记相关账簿。

【**实训要求**】 登账。

【**操作指导**】

参考 2018 年 12 月 1 日业务(任务1)。

7. 任务7

【**我的任务**】 **登账**。2018 年 12 月 13 日,员工报销差旅费并归还借款。据此登记相关账簿。

【**实训要求**】 登账。

【**操作指导**】

参考 2018 年 12 月 1 日业务(任务1)。

5.1.5 税务会计岗位

1. 任务1

【**我的任务 1**】 **增值税抄、报税**。2018 年 12 月 1 日,北京加旺电器有限公司抄税并申报 11 月份(所属期)增值税。(11 月份已缴纳 10 月份增值税 12 133.55 元)

【**实训要求**】 增值税抄、报税。

【**操作指导**】

(1) 阅读操作界面右边单据列表的信息(金税盘)。

(2) 进入"税控系统",选择要抄税的票种,如图 5-39 所示,然后点击"确定"。

(3) 单击任务栏中的"税控系统抄税"按钮,如图 5-40 所示,进入"打印资料"界面,在"连续打印"界面,选择需要打印的资料,如图 5-41 所示,然后点击"确定",进行打印。

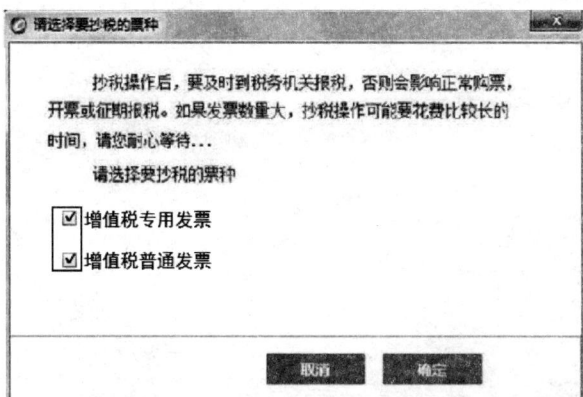

图 5‑39 "请选择要抄税的票种"界面

图 5‑40 任务栏中的"税控系统抄税"按钮

图 5‑41 "连续打印"界面

（4）单击任务栏中的"打印资料"按钮，打开"填制报表"页面，根据单据（专用发票汇总表、专用增值税发票正数发票清单、普通发票汇总表），填制报表。在操作界面右边的单据列表中分别打开"增值税纳税申报表（适用于增值税一般纳税人）、增值税纳税申报表附列资料(一)至(五)、增值税减免税申报明细表”,填写相关信息并保存,如图 5－42 所示。

增值税纳税申报表(适用于增值税一般纳税人)

纳税人识别号:911101016709563831　　纳税人名称:北京加旺电器有限公司

所属时期:20181101　至 20181130　　填表日期:20181201　　金额单位:元至角分

	项　目	栏　次	一般项目		即征即退项目	
			本月数	本年累计	本月数	本年累计
销售额	(一)按适用税率计税销售额	1	5482437.5	25869112.50		
	其中:应税货物销售额	2	5482437.5	25869112.50		
	应税劳务销售额	3				
	纳税检查调整的销售额	4				
	(二)按简易办法计税销售额	5				
	其中:纳税检查调整的销售额	6				
	(三)免、抵、退办法出口销售额	7			-----	-----
	(四)免税销售额	8			-----	-----
	其中:免税货物销售额	9			-----	-----
	免税劳务销售额	10			-----	-----
税款计算	销项税额	11	877190.00	4139058.00		
	进项税额	12	866230.50	3315941.35		
	上期留抵税额	13				-----
	进项税额转出	14				
	免、抵、退应退税额	15			-----	-----
	按适用税率计算的纳税检查应补缴税额	16			-----	-----
	应抵扣税额合计	17=12+13-14-15+16	866230.50	-----	0.00	-----
	实际抵扣税额	18(如17<11,则为17,否则为11)	866230.50		0.00	0.00
	应纳税额	19=11-18	10959.50	836218.02	0.00	0.00

图 5－42　增值税纳税申报表

(5) 单击任务栏中的“填制报表”按钮,进入“正式申报”,根据单据[增值税纳税申报表(适用于增值税一般纳税人)、增值税纳税申报表附列资料(一)至(五)、增值税减免税申报明细表、营改增税负分析测算明细表、农产品收购发票或普通发票明细表],进行正式申报。

(6) 单击任务栏中的“正式申报”按钮,进入“整理资料”,根据单据(专用发票汇总表、专用增值税发票正数发票清单、普通发票汇总表)进行“整理资料”。

(7) 单击任务栏中的“整理资料”按钮,进入“审核资料”,带上单据(专用发票汇总表、专用增值税发票正数发票清单、普通发票汇总表),找总经理孙涛审核资料。

(8) 单击任务栏中的“审核资料”按钮,进入“国税柜台抄税”,带上单据(专用发票汇总表、专用增值税发票正数发票清单、普通发票汇总表、金税盘),找税务局纳税申报员刘震进行“国税柜台抄税”。

【注意】

业务不熟悉的,可以点击操作界面中的“查看经济业务”,查看业务流程。

【我的任务 2】　申报城建税、教育费附加、地方教育附加税(费)。2018 年 12 月 1 日,北京加旺电器有限公司网上申报上月城市维护建设税、教育费附加、地方教育附加税(费)。

【实训要求】 申报城建税、教育费附加、地方教育附加税(费)。

【操作指导】

(1) 单击"我的日程",选择日期右下角有工作任务的日期,单击当期要完成的任务,如图 5-43 所示。

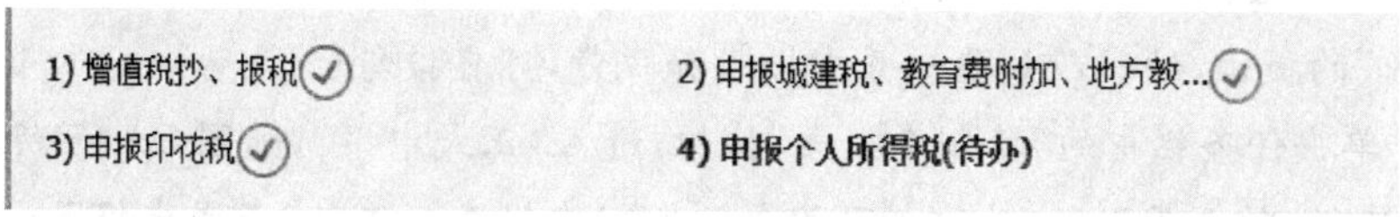

1) 增值税抄、报税 ✓　　　　　　2) 申报城建税、教育费附加、地方教… ✓

3) 申报印花税 ✓　　　　　　　　4) 申报个人所得税(待办)

图 5-43　当期要完成的任务

(2) 阅读操作界面右边单据列表的信息[地方税收纳税计算表,城建税、教育费附加、地方教育附加税(费)申报表]。

(3) 在单据列表中打开"城建税、教育费附加、地方教育附加税(费)申报表",根据地方税收纳税计算表,填报城建税、教育费附加、地方教育附加税(费)申报表的相关信息,并保存,如图 5-44 所示。

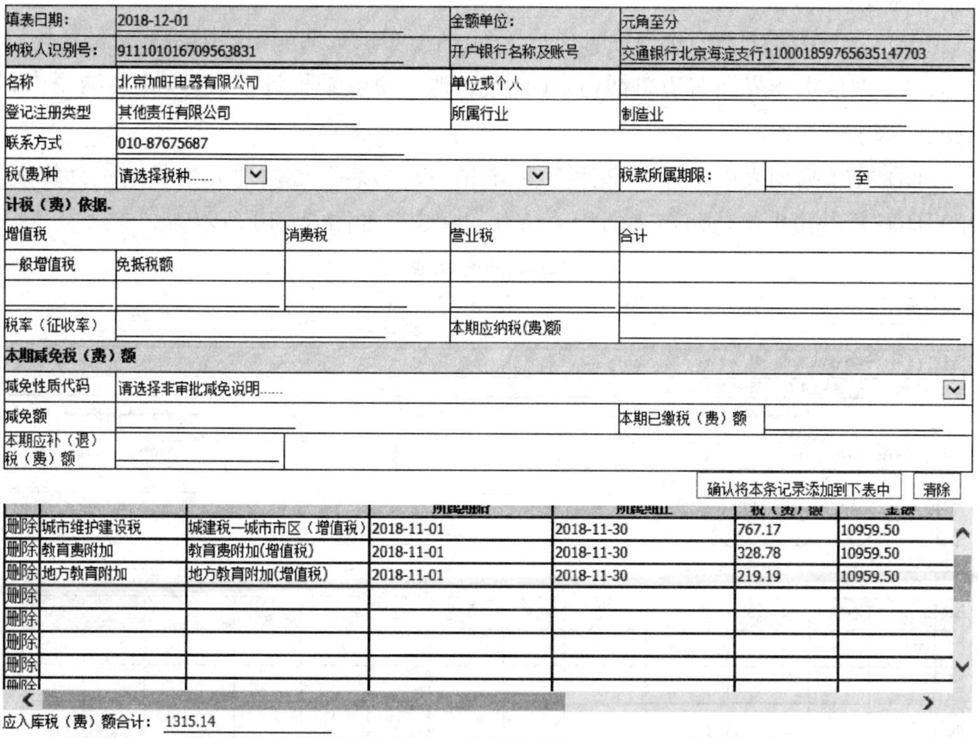

图 5-44　城建税、教育费附加、地方教育附加税(费)申报表

【注意】

填报城建税、教育费附加、地方教育附加税(费)申报表应注意以下问题:

(1) 蓝色标题的项目必须填写。

(2) 税款所属期按"yyyy‐mm‐dd"(年‐月‐日)的格式输入,如"2018‐01‐01"。

(3) 当申报税种税目为"消费税、增值税的城建税"时,界面会显示"是否一并申报附加费"的提示,纳税人如要一并申报附加税费,可直接勾选。

(4) 单击任务栏中的"填制申报表"按钮,进入"正式申报",如图 5‐45 所示,根据单据[城建税、教育费附加、地方教育附加税(费)申报表],进行"正式申报"。

图 5‐45 任务栏中的"填制申报表"按钮

【我的任务 3】 申报印花税。 2018 年 12 月 1 日,北京加旺电器有限公司网上申报上个月购销合同印花税。

【实训要求】 申报印花税。

【操作指导】

(1) 单击"我的日程",选择日期右下角有工作任务的日期,单击当期要完成的任务。

(2) 阅读操作界面右边单据列表的信息[地方税收纳税计算表、印花税纳税申报(报告)表]。

(3) 在单据列表中打开"印花税纳税申报(报告)表",根据地方税收纳税计算表,填写印花税纳税申报(报告)表的相关信息,并保存,如图 5‐46 所示。

印花税纳税申报（报告）表

税款所属期限:	2018-11-01 至 2018-11-30		填表日期:	2018-12-01		金额单位: 元
纳税人识别号	91110106709563831		开户银行名称及帐号	交通银行北京海淀支行1100018597656351 47703		
名称	北京加旺电器有限公司		☑ 单位		☐ 个人	
登记注册类型	法人商事主体【有限责任公司(自然人投资或控股)】		所属行业	制造业		
联系方式	010-87675687		身份证号码			
应税凭证	印花税 印花税-购销合同					
核定依据(填写核定计税收入额)			核定比例(%)	100 %(根据税务机关核定比例填写)		
计税金额或件数	10255414.71	适用税率	0.0003	本期应纳税额	3076.62	
减免性质代码	请选择非审批减免说明					
减免额			本期已缴税(费)额			
应入库税(费)额	3076.62					

确认将本条记录添加到下表中　清除

操作	税(费)种	应税项目	税(费)所属期始	税(费)所属期止	应入库税(费)额	计税依据	核定比例(%)	计税金额	税(费)率	应纳税(费)额	备案减免税(费)额	备案事项名称	本期已缴税额
删除	印花税	印花税-购	2018-11-01	2018-11-30	3076.62		100	255414.71	0.0003	3076.62			
删除													
删除													
删除													
删除													

应入库税(费)额合计: 3076.62

图 5‐46 印花税纳税申报(报告)表

（4）单击任务栏中的"填制申报表"按钮，进入"正式申报"，如图 5 - 47 所示，根据单据［印花税纳税申报（报告）表］，进行"正式申报"。

图 5 - 47 任务栏中的"填制申报表"按钮

【我的任务 4】 申报个人所得税。2018 年 12 月 1 日，网上申报 11 月代扣代缴个人所得税。

【实训要求】 申报个人所得税。

【操作指导】

（1）单击"我的日程"，选择日期右下角有工作任务的日期，单击当期要完成的任务。

（2）阅读操作界面右边单据列表的信息（上个月工资表、代扣代缴个人所得税明细报告表）。

（3）在单据列表中打开"代扣代缴个人所得税明细报告表"，根据上月工资表，填写代扣代缴个人所得税明细报告表的相关信息，并保存，如图 5 - 48 所示。

代扣代缴个人所得税明细报告表

税务登记代码	911101016709563831		纳税人名称	北京加旺电器有限公司	
管理税务机关	北京市地方税务局		开户银行名称及帐号	交通银行北京海淀支行 110001859765635147703	
税目	工资薪金所得 ▼		应税项目	正常月薪收入 ▼	
税费所属期	2018-11-01 至 2018-11-30				
证件类型	身份证 ▼		证件号码	110112198501262761	
国籍/地区	中华人民共和国 ▼	人员身份：一般人员 ▼			
含税收入额	6000				
基本养老保险费	356.07		基本医疗保险费	89.02	失业保险费 44.51
住房公积金	172		财产原值		允许扣除的税费
其他			合计	661.60	备注
减：费用扣除标准	3500.00		减：捐赠扣除额及其他		速算扣除数 105.00
应纳税所得额	1838.40		适用税率	0.10	应扣缴税额 78.84
减：已缴纳税额、抵扣额			减：减免额		应入库税额 78.84
是否补税申报	☐		补报含税收入		

确认将本条记录添加到下表中　　清除

操作	税种	税目	应税项目	所属期始	所属期止	证件类型	证件号码	国籍/地区	应入库税费	收入额	基本养老保险费	基本医疗保险费	失业保险费	住
删除	个人	工资	正常月薪	2018-11	2018-11	10	1101281	中华人民	22.15	4900	356.07	89.02	44.51	17.
删除	个人	工资	正常月薪	2018-11	2018-11	10	1101161	中华人民	0.00	2200	356.07	89.02	44.51	17.
删除	个人	工资	正常月薪	2018-11	2018-11	10	1101291	中华人民	16.15	4700	356.07	89.02	44.51	17.
删除	个人	工资	正常月薪	2018-11	2018-11	10	1101121	中华人民	48.84	5700	356.07	89.02	44.51	17.
删除	个人	工资	正常月薪	2018-11	2018-11	10	1101121	中华人民	78.84	6000	356.07	89.02	44.51	17.

图 5 - 48 代扣代缴个人所得税明细报告表

（4）单击任务栏中的"填制申报表"按钮，进入"正式申报"，根据单据（代扣代缴个人所得税明细报告表）进行"正式申报"。

2．任务 2

【我的任务 1】 登账。2018 年 12 月 2 日，收到北京成海喷塑加工有限公司加工完成后发回的货物，据此登记相关账簿。增值税专用发票（发票联）作为记账附件，增值税专用发票（抵扣联）装订成册。

【实训要求】 登账。

【操作指导】

（1）单击"我的日程"，选择日期右下角有工作任务的日期，单击当期要完成的任务，如图 5-49 所示。

1) 登账(待办)	2) 申请购买发票(待办)
3) 发票读入(待办)	4) 发票作废(待办)

图 5-49 当期要完成的任务

（2）阅读操作界面右边单据列表的信息（委托加工收料单、记账凭证、增值税专用发票）。

（3）领取应交增值税费明细账，执行"单据库"→"账簿类"→"应交增值税费明细账"→"就拿这些"命令，关闭对话框。

（4）登记应交增值税费明细账，在操作界面右边单据列表中选择"应交税费——应交增值税"明细账，根据记账凭证 003 号进行登记，并在记账凭证中相应的地方打"√"，在记账处签字，单击"保存"按钮，如图 5-50、图 5-51 所示。

图 5-50 记账凭证

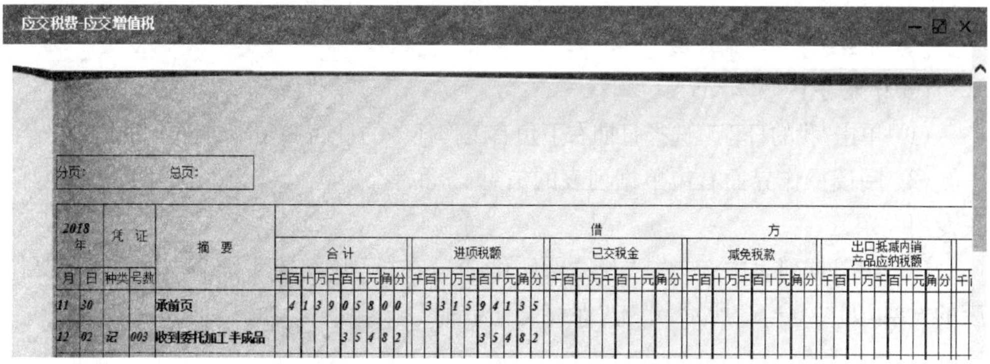

图 5-51　应交增值税费明细账

(5) 单击任务栏中的"登记账簿"按钮,结束任务。

【**我的任务** 2】　**申请购买发票**。2018 年 12 月 2 日,到国税局申请购买增值税专用发票(电脑版三联)25 份。

【**实训要求**】　申请购买发票。

【**操作指导**】

(1) 单击"我的日程",选择日期右下角有工作任务的日期,单击当期要完成的任务。

(2) 阅读操作界面右边单据列表的信息(发票领用簿)。

(3) 领取金税盘,执行"单据库"→"证照合同协议类"→"金税盘"→"就拿这些"命令,关闭对话框。

(4) 单击任务栏中的"准备资料"按钮,结束任务,如图 5-52 所示。

图 5-52　任务栏中的"准备资料"按钮

【**我的任务** 3】　**发票读入**。2018 年 12 月 2 日,将金税盘中的电子发票读入到防伪税控开票系统。

【**实训要求**】　发票读入。

【**操作指导**】

(1) 单击"我的日程",选择日期右下角有工作任务的日期,单击当期要完成的任务。

(2) 阅读操作界面右边单据列表的信息(金税盘)。

(3) 单击任务栏中的"准备资料"按钮,结束任务。

【**我的任务** 4】　**发票作废**。2018 年 12 月 2 日,北京加旺电器有限公司开错发票一张,作废处理。

【实训要求】 发票作废。

【操作指导】

（1）单击"我的日程"，选择日期右下角有工作任务的日期，单击当期要完成的任务。

（2）阅读操作界面右边单据列表的信息（金税盘、销售单、已开发票明细表、增值税专用发票）。

（3）在单据列表中选择"已开发票明细表"，在"已开发票明细表"中勾选需要作废的发票，如图 5-53 所示，单击"保存操作数据"并退出该界面。

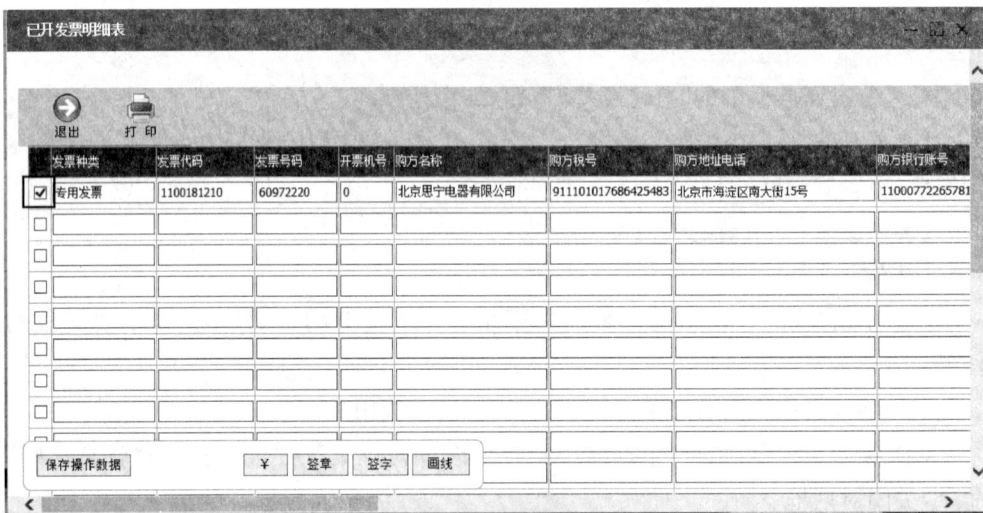

图 5-53　已开发票明细表

（4）单击任务栏中的"系统作废"按钮，进入"发票作废"，在单据列表中选择需要作废的增值税专用发票，并作废，如图 5-54 所示。

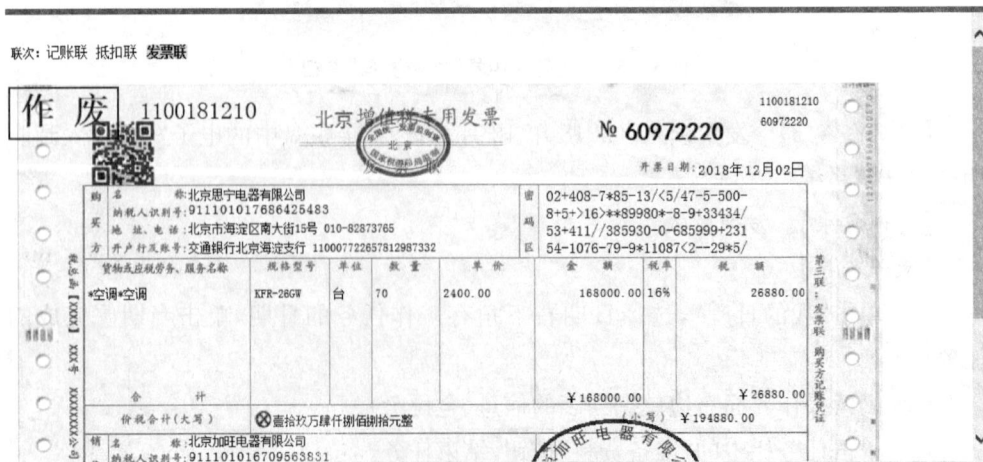

图 5-54　作废的增值税专用发票

【注意】

发票作废，需要把所有的联次都作废，包括记账联、抵扣联、发票联等。

（5）单击任务栏中的“发票作废”按钮，结束任务。

3. 任务 3

【我的任务】 登账。2018 年 12 月 4 日，北京加旺电器有限公司向北京速达运输有限公司托运货物，发生运费。据此登记相关账簿。增值税专用发票（发票联）作为记账附件，增值税专用发票（抵扣联）装订成册。

【实训要求】 登账。

【操作指导】

（1）单击“我的日程”，选择日期右下角有工作任务的日期，单击当期要完成的任务。

（2）阅读操作界面右边单据列表的信息（记账凭证、增值税专用发票）。

（3）领取应交增值税费明细账，执行“单据库”→“账簿类”→“应交增值税费明细账”→“就拿这些”命令，关闭对话框。

（4）登记应交增值税费明细账，在操作界面右边的单据列表中选择“应交税费——应交增值税”明细账，根据记账凭证 010 号进行登账，并在记账凭证中相应的地方打“√”，在记账处签字，单击“保存”按钮，如图 5－55、图 5－56 所示。

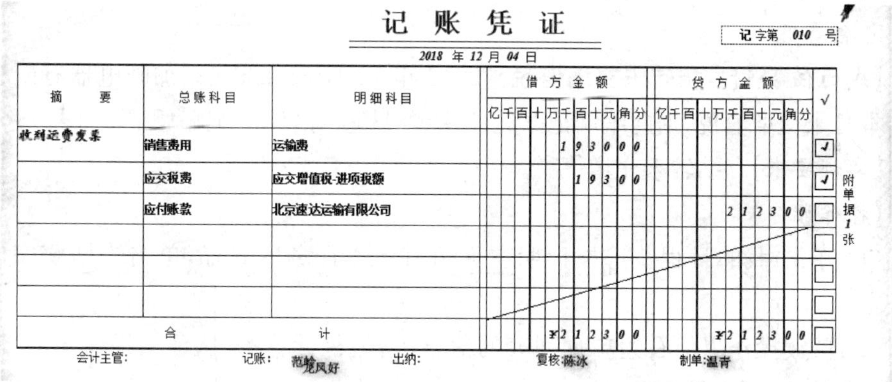

记账凭证

记字第 010 号

2018 年 12 月 04 日

摘要	总账科目	明细科目	借方金额	贷方金额	√
收到运费发票	销售费用	运输费	193000		√
	应交税费	应交增值税-进项税额	19300		√
	应付账款	北京速达运输有限公司		212300	
合计			¥212300	¥212300	

附单据 1 张

会计主管：　记账：范蛉 龙凤好　出纳：　复核：陈冰　制单：温青

图 5－55　记账凭证

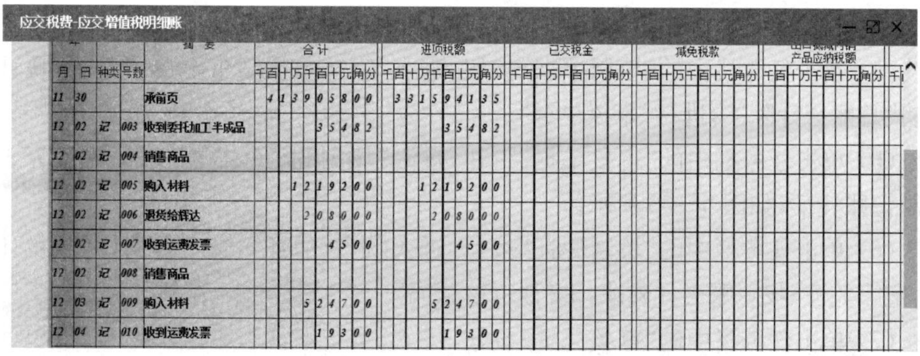

应交税费-应交增值税明细账

月	日	种类	号数	摘要	合计	进项税额	已交税金	减免税款	出口抵减内销产品应纳税额
11	30			承前页	413905800	331594135			
12	02	记	003	收到委托加工半成品	35482	35482			
12	02	记	004	销售商品					
12	02	记	005	购入材料	1219200	1219200			
12	02	记	006	退货给辉达	208000	208000			
12	02	记	007	收到运费发票	4500	4500			
12	02	记	008	销售商品					
12	03	记	009	购入材料	524700	524700			
12	04	记	010	收到运费发票	19300	19300			

图 5－56　应交增值税费明细账

(5)单击任务栏中的"登记账簿"按钮,结束任务。

4. 任务4

【我的任务】 认证发票。2018年12月28日,北京加旺电器有限公司到国税局认证部分增值税进项发票。

【实训要求】 认证发票。

【操作指导】

(1)单击"我的日程",选择日期右下角有工作任务的日期,单击当期要完成的任务。

(2)阅读操作界面右边单据列表的信息(增值税专用发票抵扣联)。

(3)单击任务栏中的"整理发票"按钮,进入"认证发票",如图5-57所示。带上单据(所有需要认证的增值税专用发票的抵扣联),找税务局认证发票的税务员司徒空,进行"认证发票"。

图5-57 任务栏中的"整理发票"按钮

(4)单击任务栏中的"认证发票"按钮,结束任务。

5. 任务5

【我的任务1】 结转未交增值税。2018年12月31日,北京加旺电器有限公司结转本月未交增值税,据此编制记账凭证并登记相关账簿。(记账凭证089号)

【实训要求】 结转未交增值税。

【操作指导】

(1)单击"我的日程",选择日期右下角有工作任务的日期,单击当期要完成的任务。

(2)阅读操作界面右边单据列表的信息(增值税计算表、认证结果通知书、专用发票汇总表、普通发票汇总表)。

(3)填制增值税计算表,在单据列表中选择"增值税计算表",根据"认证结果通知书、专用发票汇总表、普通发票汇总表"填制增值税计算表,并签字,如图5-58所示。

(4)单击任务栏中的"填制单据"按钮,进入"审核单据",带上单据(增值税计算表)找总账会计陈冰,进行"审核单据"。

(5)单击任务栏中的"审核单据"按钮,进入"填制凭证",根据"增值税计算表",填制记账凭证,如图5-59所示。

(6)单击任务栏中的"填制凭证"按钮,进入"审核凭证",带上单据(增值税计算表、记账凭证)找总账会计陈冰,进行"审核凭证"。

(7)单击任务栏中的"审核凭证"按钮,进入"登记账簿",带上单据(增值税计算表、记账凭证),执行"单据库"→"账簿类"→"应交增值税费明细账2张、三栏式账簿1

张”→“就拿这些”命令。然后根据记账凭证登记“应交税费——应交增值税”与“应交税费——应交增值税(转出未交增值税)”,如图 5－60、图 5－61 所示。

增值税计算表

2018年12月　　　　单位：元

项目	金额
本月销项税额	779116.8
本月进项税额	438341.17
上月留抵税额	0
本月进项税额转出	0
本月应纳税额	340775.63
月末留抵税额	0

审核：　　　　制表:龙凤好

图 5－58　增值税计算表

记账凭证

记 账 凭 证

2018 年 12 月 31 日　　　　记字第 089 号

摘要	总账科目	明细科目	借方金额	贷方金额	√
结转本月未交增值税	应交税费	应交增值税(转出未交增值税)	34077563		
	应交税费	未交增值税		34077563	
合计			¥34077563	¥34077563	

附单据　张

会计主管：　记账：　出纳：　复核：　制单:龙凤好

保存操作数据　¥　签章　签字　画线

图 5－59　记账凭证

应交税费明细账

二级科目：未交增值税　　　级科目：

2018年 月	日	凭证种类	号数	摘要	日页	借方	贷方	借或贷	余额
11	30			承前页		75479750	82311665	贷	1095950
12	05	记	014	缴纳增值税		1095950		平	000
12	31	记	089	结转本月未交增值税			34077563	贷	34077563

图 5－60　未交增值税明细账

应交税费-应交增值税明细账

页 34　总页:

2018年 日	凭证 种类	凭证 号数	摘要	借方 合计	借方 进项税额	借方 已交税金	借方 减免税款	借方 出口抵减内销产品应纳税额	借方 转出未交增值税	贷方 合计	贷方 销项税额	贷方 出口退税	贷方 进项税额转出	贷方 转出多交增值税	借或贷	余额
15			承前页	4191341.19	3368224.54				823116.65	4346162.00	4346162.00				贷	154820.81
15	记	040	收到运费发票	75.00	75.00										贷	154745.81
16	记	041	购入材料	383264.00	383264.00										借	228518.19
17	记	042	销售商品							11520.00	11520.00				借	216998.19
17	记	043	购入材料	264.00	264.00										借	217262.19
17	记	044	收到运费发票	75.00	75.00										借	217337.19
18	记	045	销售商品							41280.00	41280.00				借	176057.19
20	记	047	确认代销收入							63532.80	63532.80				借	112524.39
24	记	050	销售商品							22400.00	22400.00				借	90124.39
24	记	051	收到运费发票	55.00	55.00										借	90179.39
25	记	057	销售商品							27520.00	27520.00				借	62659.39
27	记	059	收到运费发票	45.00	45.00										借	62704.39
27	记	061	销售商品							55040.00	55040.00				借	7664.39
31	记	065	销售商品							350720.00	350720.00				贷	343055.61
31	记	068	银行代扣水费	276.72	276.72										贷	342778.89
31	记	069	银行代扣电费	2003.20	2003.20										贷	340775.69
31	记	089	结转本月未交增值税	340775.69					340775.69						平	0.00
			过次页	4918174.80	3754282.46				1163892.34	4918174.80	4918174.80				平	0.00

应交税费-应交增值税明细账

总页:

摘要	借方 合计	借方 进项税额	借方 已交税金	借方 减免税款	借方 出口抵减内销产品应纳税额	借方 转出未交增值税	贷方 合计	贷方 销项税额	贷方 出口退税	贷方 进项税额转出	贷方 转出多交增值税	借或贷	余额
承前页	4918174.80	3754282.46				1163892.34	4918174.80	4918174.80				平	0.00

图 5－61　应交增值税明细账

【注意】

在登账过程中，如果某一页账页用完了，需要做“过次页与承前页”。

（8）单击任务栏中的“登记账簿”按钮，结束业务。

【我的任务2】　计提城建税、教育费附加、地方教育附加税（费）。2018 年 12 月 31 日，计提本月城市维护建设税、教育费附加及地方教育附加税（费），据此编制记账凭证并登记相关账簿。（记账凭证 090 号）

【实训要求】　计提城建税、教育费附加、地方教育附加税（费）。

【操作指导】

（1）单击“我的日程”，选择日期右下角有工作任务的日期，单击当期要完成的任务。

（2）阅读操作界面右边单据列表的信息（地方税计算表、增值税计算表）。

（3）填制地方税计算表，在操作界面右边的单据列表中选择“地方税计算表”，根据“增值税计算表”填制“地方税计算表”，并签字，如图 5－62 所示。

地方税计算表

2018年12月31日　　　　金额单位：元

项目	金额
城市维护建设税（7%）	23854.29
教育费附加（3%）	10223.27
地方教育费附加（2%）	6815.51

审核人:　　　　制表人龙凤好

图 5－62　地方税计算表

（4）单击任务栏中的"填制单据"按钮,进入"审核单据",带上单据（地方税计算表、增值税计算表）找总账会计陈冰,进行"审核凭证"。

（5）单击任务栏中的"审核单据"按钮,进入"填制凭证",根据"地方税计算表",填制记账凭证。

（6）单击任务栏中的"填制凭证"按钮,进入"审核凭证",带上单据（地方税计算表、记账凭证）找总账会计陈冰,进行"审核凭证"。

（7）单击任务栏中的"审核凭证"按钮,进入"登记账簿",具体操作参考 2018 年 12 月 31 日"结转未交增值税"。

【注意】

税金及附加明细账也是税务会计登记的。

（8）单击任务栏中的"登记账簿"按钮,结束业务。

【我的任务 3】 计提所得税。2018 年 12 月 31 日,计提本月企业所得税（本月未发生坏账准备及递延所得税资产和递延所得税负债等事项）。据此编制记账凭证并登记相关账簿。（记账凭证 091 号）

【实训要求】 计提所得税。

【操作指导】

（1）单击"我的日程",选择日期右下角有工作任务的日期,单击当期要完成的任务。

（2）阅读操作界面右边单据列表的信息（所得税计算表、本年利润明细表）。

（3）填制所得税计算表,在操作界面右边的单据列表中选择"所得税计算表",根据"本年利润明细表"填制"所得税计算表",并签字,如图 5 - 63 所示。

所得税计算表
2018年12月
单位:元

项目	金额
利润总额	1532179.63
所得税费用	383044.91
计提坏账准备	0
递延所得税资产增加	0
审核:	制表龙凤好

图 5 - 63 所得税计算表

（4）单击任务栏中的"填制单据"按钮,进入"审核单据",带上单据（所得税计算表、本年利润明细表）找总账会计陈冰,进行"审核凭证"。

（5）单击任务栏中的"审核单据"按钮,进入"填制凭证",根据"所得税计算表",填制记账凭证。

（6）单击任务栏中的"填制凭证"按钮,进入"审核凭证",带上单据（所得税计算表、记账凭证）找总账会计陈冰,进行"审核凭证"。

（7）单击任务栏中的"审核凭证"按钮，进入"登记账簿"，具体操作参考 2018 年 12 月 31 日"结转未交增值税"。

（8）单击任务栏中的"登记账簿"按钮，结束业务。

5.1.6 总账会计岗位

1. 任务 1

【我的任务】 登记 T 字账。2018 年 12 月 31 日，登记利润分配科目和盈余公积科目的 T 字账。

【实训要求】 登记 T 字账。

【操作指导】

（1）阅读操作界面右边单据列表的信息（记账凭证 3 张）。

（2）领取 T 字账单据，执行"单据库"→"账簿类"→"T 字账"→"就拿这些"命令，关闭对话框。

（3）登记 T 字账，在操作界面右边单据列表中选择"T 字账"进行信息登记，如图 5 - 64 所示。

本年利润			
借		贷	
期初余额		期初余额	5707493.32
记-093	2913623.30	记-092	4869480.00
记-094	46789.69		
记-095	102075.10		

图 5 - 64 T 字账

【注意】

本期发生额和期末余额都要填写。

（4）单击"保存"按钮。

（5）单击任务中的"登记 T 字账"按钮完成任务。

2. 任务 2

【我的任务】 编制科目汇总表。2018 年 12 月 31 日，根据 T 字账编制科目汇总表。

【实训要求】 编制科目汇总表。

【操作指导】

（1）阅读操作界面右边单据列表的信息（T 字账 5 张）。

（2）领取科目汇总表，执行"单据库"→"账簿类"→"科目汇总表"→"就拿这些"

命令,关闭对话框。

(3) 登记科目汇总表,在操作界面右边,根据单据列表中 T 字账,登记"科目汇总表",如图 5-65 所示。

图 5-65 科目汇总表

(4) 单击"保存"按钮。

(5) 单击任务栏中的"编制汇总表"按钮,进入审核汇总表,选择其他人办理,点击"下一步"即可。

(6) 找财务经理审核,无误后点击任务栏"审核汇总表"按钮,就可完成任务。

3. 任务 3

【我的任务】 登记总分类账。2018 年 12 月 31 日,根据相关单据登记总分类账。

【实训要求】 登记总分类账。

【操作指导】

(1) 阅读操作界面右边单据列表的信息(科目汇总表,1—11 月累计发生额)。

(2) 领取总账,执行"单据库"→"账簿类"→"总账 3 张"→"就拿这些"命令,关闭对话框。

(3) 登记总账,在操作界面右边单据列表中选择"库存现金总账",进行信息登记,银行存款和其他货币资金总账登记方法相同,如图 5-66 所示。

图 5-66 总分类账

【注意】

根据科目汇总表的发生额填就可以了,期初数可以查看 1—11 月累计发生额。

(4) 单击"保存"按钮。

(5) 点击右边单据科目汇总表"记账"签章,保存。

(6) 单击任务栏中的"登记账簿"按钮,完成任务。

4. 任务4

【**我的任务**】 编制试算平衡表。2018年12月31日,根据科目汇总表编制试算平衡表。

【**实训要求**】 编制试算平衡表。

【**操作指导**】

(1) 阅读操作界面右边单据列表的信息(科目汇总表、试算平衡表)。

(2) 在操作界面右边单据列表中打开试算平衡表,根据科目汇总表填列,如图5-67所示。

试算平衡表

户名	期初余额借方	期初余额贷方	发生额借方	发生额贷方	期末余额借方	期末余额贷方
库存现金	4951.45	0.00	50180.00	7123.50	48007.95	0.00
银行存款	147690.75	0.00	4303085.80	1810587.63	2640188.92	0.00
其他货币资金	0.00	0.00	100000.00	100000.00	0.00	0.00
应收票据	0.00	0.00	162400.00	162400.00	0.00	0.00

图 5 - 67　试算平衡表

(3) 单击"保存"按钮。

(4) 单击任务栏中的"编制试算平衡表"按钮,完成任务。

5. 任务5

【**我的任务**】 编制资产负债表。2018年12月31日,北京加旺电器有限公司期末编制资产负债表。

【**实训要求**】 编制资产负债表。

【**操作指导**】

(1) 阅读操作界面右边单据列表的信息(科目汇总表、11月资产负债表)。

(2) 领取资产负债表,执行"单据库"→"会计报表"→"资产负债表1张"→"就拿这些"命令,关闭对话框。

(3) 编制资产负债表,在操作界面右边单据列表中选择"资产负债表"并打开,根据科目汇总表和11月份资产负债表的数据填表,如图5-68所示。

资产负债表

会企01表

编制单位:北京加旺电器有限公司　　　　　　　　2018年12月31日　　　　　　　　单位:元

资产	行次	期末余额	年初余额	负债和所有者权益（或股东权益）	行次	期末余额	年初余额
流动资产：				流动负债：			
货币资金	1	2688196.87	1082496.87	短期借款	29		
以公允价值计量且其变动计入当期损益的金融资产	2			以公允价值计量且其变动计入当期损益的金融负债	30		
衍生金融资产	3			衍生金融负债	31		
应收票据及应收账款	4	10658832.61	8062844.61	应付票据及应付账款	32	3081605.48	10939140.25
预付款项	5	36000.00		预收款项	33		

图 5 - 68　资产负债表

(4) 单击"保存"按钮,制表人盖章并保存。

(5)点击任务栏中的"编制报表"按钮,进入界面找财务经理审核办理。

(6)单击任务栏中的"审核报表"按钮,找总经理审核报表,签字。

(7)单击任务栏中的"审核报表"按钮,完成任务。

6. 任务 6

【我的任务】　编制利润表。2018 年 12 月 31 日,北京加旺电器有限公司期末编制利润表(12 月财务费用中利息费用为 2 583.33 元,利息收入为 165 元)。

【实训要求】　编制利润表。

【操作指导】

(1)阅读操作界面右边单据列表的信息(科目汇总表、1—11 月利润表和上一年度利润表)。

(2)领取利润表,执行"单据库"→"会计报表"→"利润表 1 张"→"就拿这些"命令,关闭对话框。

(3)编制利润表,在操作界面右边单据列表中选择"利润表"并打开,根据科目汇总表填表,如图 5-69 所示。

利 润 表

会企02表

编制单位:北京加旺电器有限公司　　　　2018 年 1—12 月　　　　单位:元

项目	行次	本期金额	上期金额
一、营业收入	1	29216880.00	12547660.00
减:营业成本	2	17226234.30	9765331.20
税金及附加	3	145563.69	15332.60
销售费用	4	740057.89	540341.20
管理费用	5	1961984.74	887000.00
研发费用	6		
财务费用	7	868.65	301.00
其中:利息费用	8	2583.33	
利息收入	9	990	

图 5-69　利润表

【注意】

根据 1—11 月利润表和上一年度利润表的数据来填写年度利润表,还要考虑题目给出的利息的相关信息。

(4)单击"保存"按钮,制表人盖章并保存。

(5)点击任务栏中的"编制报表"按钮,进入界面找财务经理审核办理。

(6)单击任务栏中的"审核报表"按钮,找总经理审核报表,签字。

(7)单击任务栏中的"结束任务"按钮,完成任务。

7. 任务 7

【我的任务】　编制现金流量表。2018 年 12 月 31 日,北京加旺电器有限公司期末编制现金流量表。其中,"支付的其他与经营活动有关的现金"采用倒挤法填列。

【实训要求】 编制现金流量表。

【操作指导】

(1)阅读操作界面右边单据列表的信息(资产负债表、利润表和现金流量表补充资料)。

(2)领取现金流量表,执行"单据库"→"会计报表"→"现金流量表1张"→"就拿这些"命令,关闭对话框。

(3)编制现金流量表,在操作界面右边单据列表中选择"现金流量表"并打开,根据资产负债表、利润表和现金流量表补充资料的数据,填制现金流量表,如图5-70所示。

现金流量表

会企03表

编制单位: 北京加旺电器有限公司　　　　2018年度　　　　　　　　单位:元

项　目	注释	本 期 金 额	上 期 金 额
一、经营活动产生的现金流量:			
销售商品、提供劳务收到的现金	1	31539066.80	7457917.59
收到的税费返还	2		
收到其他与经营活动有关的现金	3	914268.60	2269637.98
经营活动现金流入小计	4	32453335.40	9727555.57
购买商品、接受劳务支付的现金	5	20969350.87	4690432.96
支付给职工以及为职工支付的现金	6	6649391.89	3492222.66
支付的各项税费	7	2522990.61	1040179.21
支付的其他与经营活动有关的现金	8	705902.03	101103.46
经营活动现金流出小计	9	30847635.40	9323938.29
	10	1605700.00	403617.28

保存操作数据　　　　¥　签章　签字　画线

图5-70　现金流量表

【注意】

可以按照现金流量表的项目来找相关的数据填列。

(4)单击"保存"按钮,制表人盖章并保存。

(5)点击任务栏中的"编制报表"按钮,进入界面找财务经理审核办理。

(6)单击任务栏中的"审核报表"按钮,找总经理审核报表,签字。

(7)单击任务栏中的"结束任务"按钮,完成任务。

8.任务8

【我的任务】　编制所有者权益变动表。2018年12月31日,公司法定盈余公积的计提比例为利润总额的10%,公司不计提其他盈余公积,请根据资料编制所有者权益变动表。

【实训要求】　编制所有者权益变动表。

【操作指导】

(1)阅读操作界面右边单据列表的信息(资产负债表、利润表)。

(2)领取所有者权益变动表,执行"单据库"→"会计报表"→"所有者权益变动表1张"→"就拿这些"命令,关闭对话框。

（3）编制所有者权益变动表，在操作界面右边单据列表中选择"所有者权益变动表"，打开并根据资产负债、利润表的数据填制所有者权益变动表，如图 5－71 所示。

项目	行次					归属于母公司所有者
		实收资本（或股本）	资本公积	减：库存股	专项储备	盈余公积
栏次	0	1	2	3	4	5
一、上年年末余额	1	8000000				212633.
加：会计政策变更	2					
前期差错更正	3					
二、本年年初余额	4	8000000				212633.
三、本年增减变动金额（减少以"－"号填列）	5					685662.

图 5－71　所有者权益变动表

（4）单击"保存"按钮，制表人盖章并保存。

（5）点击任务栏中的"编制报表"按钮，进入界面全选单据，找财务经理审核办理。

（6）单击任务栏中的"审核报表"按钮，找总经理审核报表，签字。

（7）单击任务栏中的"结束任务"按钮，完成任务。

5.1.7　采购员岗位

1. 任务 1

【我的任务 1】 申请付款。2018 年 12 月 5 日，申请支付辉达（天津）贸易有限公司货款。

【实训要求】 申请付款。

【操作指导】

（1）阅读操作界面右边单据列表的信息。

（2）"单据库"领取"付款申请书"，并填写相关信息，如图 5－72 所示。

图 5－72　付款申请书

【注意】

正确答案应该是支付 116 000 元，但系统答案是 100 000 元。

（3）提交相关单据，分别找采购部经理成宝凤、往来会计杨彦、财务经理王方和总经理孙涛，审核单据。

【**我的任务2**】 **申请付款**。2018 年 12 月 5 日,申请支付北京成海喷塑加工有限公司加工费,以转账方式支付。

【**实训要求**】 申请付款。

【**操作指导**】

参考 2018 年 12 月 5 日【**我的任务1**】。

2.任务 2

【**我的任务**】 **下达订单**。2018 年 12 月 8 日,北京加旺电器有限公司发出半成品委托北京成海喷塑加工有限公司喷塑,签订合同。

【**实训要求**】 下达订单。

【**操作指导**】

(1)阅读操作界面右边单据列表的信息。

(2)在右边领取"委托外加工订单",并参考相关单据填写相关信息,如图 5 - 73 所示。

委托外加工订单

下单日期: 2018年12月08日				订购单号: 1201206		
厂商名称:北京成海喷塑加工有限公司				送货日期: 2018年12月08日		
联系方式: 010-60275896				结算方式: 月结		
序号	品名及规格	加工要求	单位	数量	加工单价	加工费金额(不含税)
	空调外机外壳KFR-2	喷塑	件	700	4.62	3234
	合计	—	—	—	—	¥3234
批准人:		审核:		制单: 张睿轩		

图 5 - 73 委托外加工订单

(3)"单据库"领取"委托加工合同",查阅合同,并填写第二页甲方相关信息,如图 5 - 74 所示。

图 5 - 74 委托加工合同

(4) 提交相关单据,分别找采购部经理成宝凤和总经理孙涛审核单据。

5.1.8　销售员岗位

【我的任务1】　签订合同。2018 年 12 月 1 日,北京加旺电器有限公司与天津海文商贸有限公司签订委托代销合同。

【实训要求】　签订合同。

【操作指导】

(1) 阅读操作界面右边单据列表的信息。

(2) 打开"产品代销合同",查阅合同,并填写相关信息,如图 5-75 所示。

甲方(公章):	北京加旺电器有限公司	乙方(公章):
地　　址:	北京市海淀区温泉镇中关村环保	地　　址:
电　　话:	010-87675687	电　　话:
法定代表人:		法定代表人:
签 订 日 期:	2018年12月1日	签 订 日 期:

图 5-75　产品代销合同

(3) 提交产品代销合同,找总经理孙涛审核单据。

【我的任务2】　填制单据。2018 年 12 月 1 日,北京加旺电器有限公司与天津海文商贸有限公司签订合同委托其代销,开出单据通知仓库发货。

【实训要求】　填制单据。

【操作指导】

(1) 阅读操作界面右边单据列表的信息。

(2) "单据库"领取"委托代销发货单",根据产品代销合同填写发货单,在业务联、会计联、仓库联和存根联签章,如图 5-76 所示。

北京加旺电器有限公司
委托代销发货单

受托单位:天津海文商贸有限公司　　　　　　单据编号: 201812001

地址和电话:天津市滨海新区南海路58号 022-26328248　　　制单日期: 2018年12月01日

编码	产 品 名 称	规　格	单位	单 价	数 量	金 额	备　注
	空调	KFR-23GW	台	2880.00	130	374400.00	不含税
	空调	KFR-26GW	台	3660.00	150	549000.00	
	空调	KFR-45LW	台	5300.00	50	265000.00	
合计	(人民币)大写:壹佰壹拾捌万捌仟肆佰元整				——	¥1188400.00	

总经理:　　　　部门主管:　　　　经手人:张睿轩　　会计:　　　签收人:

图 5-76　委托代销发货单

（3）提交相关单据，分别找销售部经理关山、往来会计杨彦和总经理孙涛审核单据。

5.1.9 仓库管理员岗位

【我的任务】 托运货物。2018年12月1日，北京加旺电器有限公司发出空调给天津海文商贸有限公司委托其代销，办理托运。

【实训要求】 托运货物。

【操作指导】

（1）阅读操作界面右边单据列表的信息。

（2）"单据库"领取"承运单"，并填写相关信息，如图5-77所示。

承运单

发货单位	北京加旺电器有限公司			收货单位	天津海文商贸有限公司		
发货地址	北京市海淀区温泉镇中关村环保园12号			收货地址	天津市滨海新区南海路58号		
联系人	吴小平	联系电话	010-876756	联系人	谢段舒	联系电话	022-26328248
货物名称	空调	件数	330			重量	
全程运费	（大写：人民币 ）					起止日期：	
付款方式							
承运方				联系电话		车牌号	
司机姓名		联系电话		驾驶证号			
发货方签字				承运人签字		司机签字	

图 5-77 承运单

（3）"单据库"领取"出库单"，填写相关信息，并在业务联、会计联、仓库联和存根联签章，如图5-78所示。

出 库 单

出货单位：北京加旺电器有限公司　　　2018年12月01日　　　单号：20186001

提货单位或领货部门	天津海文商贸有限公司	销售单号	201812001	发出仓库	成品仓库	出库日期	2018年12月01日
编号	名称及规格	单位	数量 应发	数量 实发	单价	金额	
	空调KFR-23GW	台	130	130			
	空调KFR-26GW	台	150	150			
	空调KFR-45LW	台	50	50			
	合　　计						
部门经理：	会计：		仓库：张睿轩		经办人：		

图 5-78 出库单

（4）提交相关单据，分别交给销售员蓝水山、销售部经理关山和财产物资会计温青审核单据。

（5）提交相关单据，在"单据库"领取 3 张"仓库台账"，根据"出库单"登记账簿，如图 5 - 79 所示。

仓库台账

分页＿＿＿＿ 总页＿＿＿＿

最高存量＿＿			编号、名称 **空调**						
最低存量＿＿	储备天数＿＿	存放地点 **成品仓库**	计量单位 **台**	规格 **KFR-23GW**			类别 **产成品**		
2018年	原始单据号	摘 要	对应单位/部门	期初库存	入库数	出库数	结存数	备注
月 日								
11 30		承前页			***	***	130	
12 01	20186001	代销出库	天津海文商贸有限公		130		0	

仓库台账

分页＿＿＿＿ 总页＿＿＿＿

最高存量＿＿			编号、名称 **空调**						
最低存量＿＿	储备天数＿＿	存放地点 **成品仓库**	计量单位 **台**	规格 **KFR-26GW**			类别 **产成品**		
2018年	原始单据号	摘 要	对应单位/部门	期初库存	入库数	出库数	结存数	备注
月 日								
11 30		承前页			***	***	150	
12 01	20186001	代销出库	天津海文商贸有限公		150		0	

仓库台账

分页＿＿＿＿ 总页＿＿＿＿

最高存量＿＿			编号、名称 **空调**						
最低存量＿＿	储备天数＿＿	存放地点 **成品仓库**	计量单位 **台**	规格 **KFR-45LW**			类别 **产成品**		
2018年	原始单据号	摘 要	对应单位/部门	期初库存	入库数	出库数	结存数	备注
月 日								
11 30		承前页			***	***	295	
12 01	20186001	代销出库	天津海文商贸有限公			50	245	

图 5 - 79　仓库台账

5.2　按照经济业务进行实训

5.2.1　日常业务

日常业务主要是以出纳实务为主，配合相关账务处理的实训。经济业务主要涉及资金的保管、收付等，包括现金收付、银行结算等。包含以下知识点：票据的购买、登记，提现、存现，转账支票、进账单、电子汇划单等单据的填写；银行汇票、银行承兑汇票、商业承兑汇票、银行本票等票据的申请、填制、背书转让等业务办理；费用报销、员工借款、还款，支付工资，缴纳住房公积金、工会经费等业务办理，以及相关业务的账务处理。

1. 财会商圈系统执行日常业务的流程

（1）学生入口，输入用户名、密码等信息登录系统。

（2）点击“业务向导”→“进程”，可以看到“日常业务”“购销业务”“委托加工”“委托代销”“往来业务”“涉税业务”“成本核算”及“期末业务”。

（3）点击“日常业务”，进入执行日常任务界面，可以看到具体任务名称及数量。

2. 商圈系统日常业务的具体内容

【任务 1】 2019 年 12 月 1 日，北京加旺电器有限公司银行账户收到股东借款。据此登记相关账簿。

【实训要求】

（1）出纳收到银行回单。

（2）费用会计填制凭证、登账。

（3）往来会计登账。

【操作指导】

（1）出纳收到银行回单。

① 阅读操作界面右边单据列表的信息（进账单、借款合同）。

② 领取银行存款日记账，执行“单据库”→“账簿类”→“银行存款日记账”→“就拿这些”命令，关闭对话框。

③ 登记银行存款日记账，在操作界面右边单据列表中选择“银行存款日记账”，登记收到的股东借款信息，如图 5－80 所示。

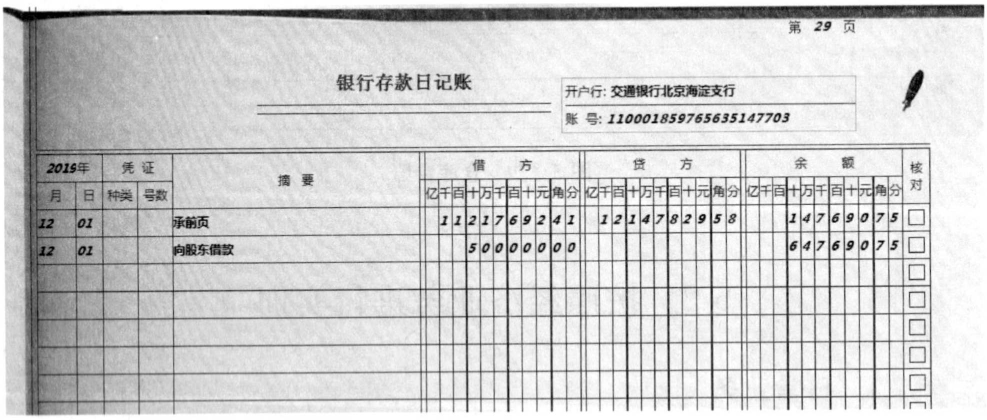
第 29 页

银行存款日记账

开户行：交通银行北京海淀支行

账 号：110001859765635147703

2019年 月	日	凭证 种类	号数	摘要	借方	贷方	余额	核对
12	01			承前页	1121769241	1214782958	14769075	☐
12	01			向股东借款	50000000		64769075	☐

图 5－80 银行存款日记账

④ 单击“保存”按钮。

⑤ 单击任务栏中的“登记账簿”按钮。

【注意】

如果做对了，题目会显示“已完成”；如果做错了，会显示错误在哪里，可以重新再修改题目。如果实在不会，可以在操作界面的左边单击“正确答案”。

(2) 费用会计填制凭证、登账。

执行“业务向导”命令,可以看到出纳岗位已经填充为蓝色,证明该岗位的任务已经完成;执行费用会计“填制凭证、登账”业务,切换为北京加旺电器有限公司费用会计岗位。

① 阅读操作界面右边单据列表的信息。

② 领取通用记账凭证,执行“单据库”→“会计凭证类”→“通用记账凭证 1 张”→“就拿这些”命令,关闭对话框。

③ 在操作界面右边单据列表中选择“记账凭证”,填制记账凭证,并在其制单栏签字或签章(黑色,如图 5 - 81 所示)。

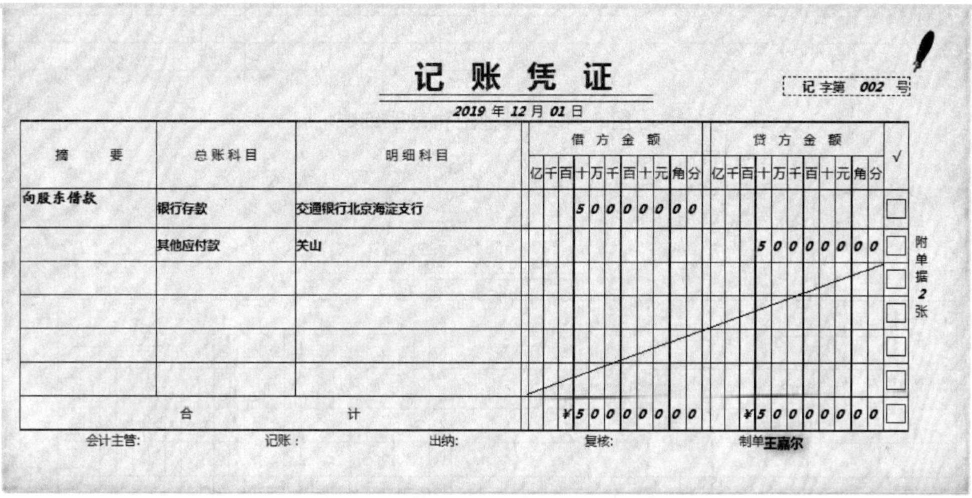
记账凭证

记字第 002 号

2019 年 12 月 01 日

摘要	总账科目	明细科目	借方金额	贷方金额	√
向股东借款	银行存款	交通银行北京海淀支行	50000000		
	其他应付款	关山		50000000	
合计			¥50000000	¥50000000	

附单据 2 张

会计主管: 记账: 出纳: 复核: 制单王嘉尔

图 5 - 81　记账凭证

④ 带上单据(进账单、借款合同和记账凭证),找总账会计陈冰进行“审核凭证”。

⑤ 带上单据(进账单、借款合同和记账凭证),找出纳李立登记账簿。

(3) 往来会计登账。

执行“业务向导”命令,可以看到出纳岗位、费用会计岗位已经填充为蓝色,证明该岗位的任务已经完成;执行往来会计“登账”业务,切换为北京加旺电器有限公司往来会计岗位。

① 阅读操作界面右边单据列表的信息(借款合同、进账单、记账凭证)。

② 领取其他应付款明细账,执行“单据库”→“账簿类”→“三栏式账簿”→“就拿这些”命令,关闭对话框。

③ 在操作界面右边单据列表中选择“其他应付款明细账”,并参考会计凭证相关信息登记账簿,如图 5 - 82 所示。

④ 在操作界面右边单据列表中选择“记账凭证”,登记记账凭证的记账标记,并在其记账栏签章,如图 5 - 83 所示。

分页:________总页:________

其他应付款明细账

二级科目: 关山　　　　　　　　　　　级科目:

2019年 月	日	凭证 种类	号数	摘要	日页	借方 亿千百十万千百十元角分	贷方 亿千百十万千百十元角分	借或贷	余额 亿千百十万千百十元角分
01	01			上年结转				平	000
12	01	记	002	向股东借款			50000000	贷	50000000

图 5－82　其他应付款明细账

记 账 凭 证

记字第 002 号

2019 年 12 月 01 日

摘要	总账科目	明细科目	借方金额 亿千百十万千百十元角分	贷方金额 亿千百十万千百十元角分	√
向股东借款	银行存款	交通银行北京海淀支行	50000000		√
	其他应付款	关山		50000000	√
合计			¥50000000	¥50000000	

附单据 2 张

会计主管:　　记账:王嘉尔　　出纳:李立　　复核:陈冰　　制单:范岭

图 5－83　记账凭证

【任务2】 2019 年 12 月 6 日,提取备用金。

【实训要求】

(1) 出纳填制单据、登账。

(2) 费用会计填制凭证。

【操作指导】

(1) 出纳填制单据、登账。

① 阅读操作界面右边单据列表的信息。

② "单据库"领取"现金支票"及"支票登记簿",使用密码器,填写相关信息,如图 5－84～图 5－86 所示。

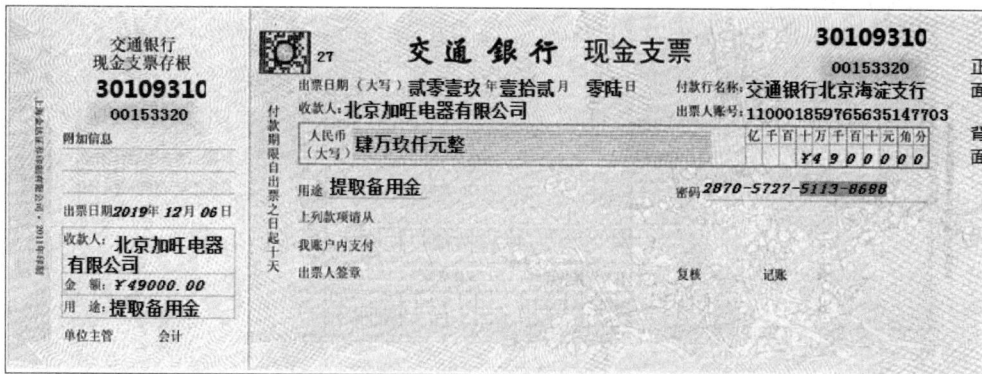

图 5‒84　现金支票

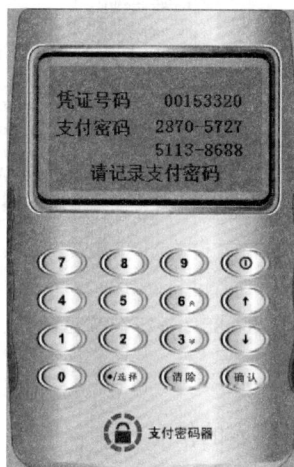

图 5‒85　密码器

图 5‒86　支票登记簿

【注意】

"结算数量"代表支票还剩余多少张。

③ 带上单据(现金支票、提现申请单),分别找财务经理王方、总经理孙涛审核。

④ 剪下现金支票存根联,带上单据"现金支票"正联,找银行对公柜员办理银行业务。

⑤ 带上"现金支票"存根联,"单据库"领取"库存现金日记账"和"银行存款日记账",填写相关信息,如图 5‒87、图 5‒88 所示。

库存现金日记账　　第 10 页

2019年 月	日	凭证 种类	凭证 号数	票据号数	摘要	借方	贷方	余额	核对
11	30				承前页	3590000	3561750	495145	☐
12	06				提现	4900000		5395145	☐

图 5－87　库存现金日记账

银行存款日记账

开户行：交通银行北京海淀支行

账　号：110001859765635147703

2019年 月	日	凭证 种类	凭证 号数	摘要	借方	贷方	余额	核对
12	01			承前页	1121769241	1214782958	14769075	☐
12	01	记	002	向股东借款	50000000		64769075	☐
12	01			本日合计	50000000		64769075	☐
12	02	记	004	销售商品	271200		65040275	☐
12	02			本日合计	271200		65040275	☐
12	05	记	013	缴纳印花税		307662	64732613	☐
12	05	记	014	缴纳增值税		1095950	63636663	☐
12	05	记	015	缴纳个人所得税		248986	63387677	☐
12	05	记	016	缴纳税费		131515	63256162	☐
12	05	记	017	开具银行汇票		10000000	53256162	☐
12	05	记	019	支付成海货款		10000000	43256162	☐
12	05			本日合计		21784113	43256162	☐
12	06			提现		4900000	38356162	☐

图 5－88　银行存款日记账

（2）费用会计填制凭证。

① 阅读操作界面右边单据列表的信息。

② 领取通用记账凭证，执行“单据库”→“会计凭证类”→“通用记账凭证 1 张”→“就拿这些”命令，关闭对话框。

③ 在操作界面右边单据列表中选择“记账凭证”，填制记账凭证，并在其制单栏签字，如图 5－89 所示。

记　账　凭　证

2019 年 12 月 06 日　　记字第 021 号

摘要	总账科目	明细科目	借方金额	贷方金额	√
提现	库存现金		4900000		☐
	银行存款	交通银行北京海淀支行		4900000	☐
					☐
					☐
					☐
					☐
合计			¥4900000	¥4900000	☐

附单据 2 张

会计主管：　记账：　出纳：　复核：　制单：王磊尔

图 5－89　记账凭证

④ 带上相关单据,找总账会计陈冰审核凭证。

⑤ 带上相关单据,找出纳李立登记账簿。

【任务3】 2019 年 12 月 8 日,采购部员工叶广淮预借差旅费。

【实训要求】

(1) 出纳付款、登账。

(2) 费用会计填制凭证、登账。

(3) 往来会计登账。

【操作指导】

(1) 出纳付款、登账。

① 阅读单据列表信息。

② 出纳自行审核借款单,并现金付讫。

③ "单据库"领取"现金日记账",并登记账簿。

(2) 费用会计填制凭证、登账。

① 阅读单据列表信息。

② 领取并填制、审核记账凭证,执行"单据库"→"会计凭证类"→"通用记账凭证"→"就拿这些"命令,关闭对话框。

③ 在操作界面右边单据列表中选择"记账凭证",填制记账凭证,并在其制单栏签字或签章(黑色,如图 5-90 所示)。

记 账 凭 证

记字第 *023* 号

2019 年 12 月 08 日

摘 要	总账科目	明细科目	借方金额	贷方金额	√
			亿千百十万千百十元角分	亿千百十万千百十元角分	
预借差旅费	其他应收款	叶广淮	3 5 0 0 0 0		□
	库存现金			3 5 0 0 0 0	□
					□
					□
					□
					□
合 计			¥ 3 5 0 0 0 0	¥ 3 5 0 0 0 0	□

附单据 1 张

会计主管: 记账: 出纳: 复核: 制单: **王嘉尔**

图 5-90 记账凭证

④ 带上单据(借款单和记账凭证),找总账会计陈冰审核凭证。

⑤ 带上单据(借款单和记账凭证),找出纳李立登记账簿。

(3) 往来会计登账。

① 阅读单据列表信息。

② “单据库”领取“三栏式账簿”，根据会计凭证登记其他应收款明细账。

【任务 4】 2019 年 12 月 13 日，报销差旅费并归还借款。

【实训要求】

(1) 出纳付款、登账。

(2) 费用会计填制凭证、登账。

(3) 往来会计登账。

【操作指导】

(1) 出纳付款、登账。

① 阅读单据列表信息。

② “单据库”领取“收款收据”，填写相关信息，盖章，注意填写三个联次(存根联、交对方联、交财务联)，如图 5－91～图 5－93 所示。

③ 提交单据(差旅费报销单、收款收据等相关单据)，找财务经理王方审核。

④ 让采购员叶广淮签收单据(收款收据)。

⑤ 出纳领取相关单据，在“单据库”领取“现金日记账”，并填写相关信息。

收 款 收 据　　NO.00490021

2019 年 12 月 13 日

今 收 到 叶广淮

交 来：归还预借差旅费　现金收讫

金额（大写） 零佰 零拾 零万 壹仟 壹佰 捌拾 零元 零角 零分

¥ 1180.00　☑现金 ☐支票 ☐信用卡 ☐其他　收款单位（盖章）

第一联存根

核准　会计　记账　出纳 王嘉尔　经手人

图 5－91　收款收据(第一联)

收 款 收 据　　NO.00490021

2019 年 12 月 13 日

今 收 到 叶广淮

交 来：归还预借差旅费　现金收讫

金额（大写） 零佰 零拾 零万 壹仟 壹佰 捌拾 零元 零角 零分

¥ 1180.00　☑现金 ☐支票 ☐信用卡 ☐其他　收款单位（盖章）

第二联交对方

核准　会计　记账　出纳 王嘉尔　经手人

图 5－92　收款收据(第二联)

图 5 – 93 收款收据（第三联）

（2）费用会计填制凭证、登账。

① 阅读单据列表信息。

② 领取通用记账凭证。

③ 在操作界面右边单据列表中选择"记账凭证"，填制记账凭证，并在其制单栏签字或签章（黑色，如图 5 – 94 所示）。

图 5 – 94 记账凭证

④ 带上相关单据和记账凭证，找总账会计陈冰审核。

⑤ 带上相关单据和记账凭证，找出纳李立登记账簿。

⑥ 费用会计带上相关单据，在"单据库"领取"多栏式账簿"，依据会计凭证相关信息登记管理费用明细账账簿。

⑦ 在操作界面右边单据列表中选择"记账凭证"，登记管理费用科目对应的记账标记，并在其记账栏签字或签章（黑色）。

（3）往来会计登账。

① 阅读单据列表信息。

② 参考 2019 年 12 月 1 日业务。

【任务 5】 2019 年 12 月 15 日，支付上个月工会经费。

【实训要求】

（1）出纳缴纳工会经费。

（2）费用会计填制凭证、登账。

【操作指导】

（1）出纳缴纳工会经费。

① 阅读单据列表信息。

② "单据库"提取"转账支票""支票登记簿"和"行政拨交工会经费缴款书"，填写相关信息，如图 5 - 95 所示。

工会专用结算凭证（行政拨交工会经费缴款书）

缴款日期 *2019 年 12 月 15 日*

付款单位	全称	北京加旺电器有限公司		收款单位	全称	北京市海淀区工会委员会		此联交缴款单位作回单
	帐号	*110001859765635147703*			帐号	*110023763908890634890*		
	开户银行	交通银行北京海淀支行			开户银行	交通银行北京海淀支行		
所属月份		*11月*		职工人数		*246人*		
上月职工工资总额		*617345.64*		按2%计应缴交经费		*12346.91*		
迟交天数				按1%计应缴滞纳金				

合计金额（大写）壹万贰仟叁佰肆拾陆元玖角壹分

十万	千	百	十	元	角	分
¥ 1	2	3	4	6	9	1

缴盖款单位章	工会委员会章	年 月 日	银行盖章	年 月 日

图 5 - 95 行政拨交工会经费缴款书

③ 提交相关单据，找财务经理王方和总经理孙涛审核单据。

④ 剪下转账支票存根联，提交单据（转账支票正联和行政拨交工会经费缴款书）给银行对公柜员办理转账。

⑤ 出纳提交单据（付款申请书、工会经费计算表、转账支票等），在"单据库"领取"银行存款日记账"，填写相关信息。

（2）费用会计填制凭证、登账。

① 阅读单据列表信息。

② 领取通用记账凭证。

③ 在操作界面右边单据列表中选择"记账凭证",填制记账凭证,并在其制单栏签字或签章(黑色,如图 5‐96 所示)。

记 账 凭 证

记字第 037 号

2019 年 12 月 15 日

摘 要	总账科目	明细科目	借 方 金 额										贷 方 金 额										√
			亿	千	百	十	万	千	百	十	元	角	分	亿	千	百	十	万	千	百	十	元	角	分	
缴纳工会经费	应付职工薪酬	短期薪酬-工会经费				1	2	3	4	6	9	1												☐
	银行存款	交通银行北京海淀支行														1	2	3	4	6	9	1	☐
																							☐
																							☐
																							☐
合	计				¥	1	2	3	4	6	9	1			¥	1	2	3	4	6	9	1	

附单据 4 张

会计主管: 　　记账: 　　出纳: 　　复核: 　　制单: 王嘉尔

图 5‐96 记账凭证

【注意】

填写明细账时,可以查看"企业资料"→"企业会计科目"。

④ 带上相关单据和记账凭证,找总账会计陈冰审核。

⑤ 带上相关单据和记账凭证,找出纳李立登记账簿。

⑥ 领取应付职工薪酬明细账,执行"单据库"→"账簿类"→"三栏式账簿"→"就拿这些"命令,关闭对话框。

⑦ 在操作界面右边单据列表中选择"应付职工薪酬明细账",并参考会计凭证相关信息登记账簿。

【任务6】 2019 年 12 月 15 日,支付上个月工资并登记账簿。

【实训要求】

(1) 出纳付款、登账。

(2) 费用会计填制凭证、登账。

【操作指导】

(1) 出纳付款、登账。

① 阅读单据列表信息。

② "单据库"领取"转账支票""支票登记簿"和"进账单",填写相关信息,如图 5‐97 所示。

③ 提交单据(转账支票、进账单和工资发放表等),分别找财务经理王方和总经理孙涛审核单据。

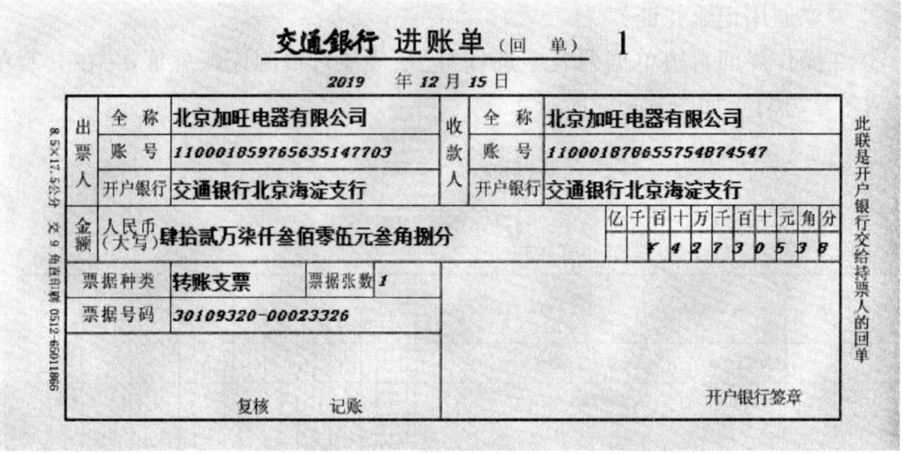

图 5 - 97　进账单

④ 剪下转账支票存根联,提交相关单据,找银行对公柜员刘婷婷办理转账。

⑤ 出纳提交单据,在"单据库"领取"银行存款日记账",登记账簿。

(2) 费用会计填制凭证、登账。

① 阅读单据列表信息。

② 领取通用记账凭证。

③ 在操作界面右边单据列表中选择"记账凭证",填制记账凭证,并在其制单栏签字或签章(黑色)。

④ 带上相关单据和记账凭证,找总账会计陈冰审核。

⑤ 带上相关单据和记账凭证,找出纳李立登记账簿。

⑥ 领取应付职工薪酬明细账,执行"单据库"→"账簿类"→"三栏式账簿"→"就拿这些"命令,关闭对话框。

⑦ 在操作界面右边单据列表中选择"应付职工薪酬明细账",参考会计凭证相关信息登记账簿。

【任务 7】　2020 年 1 月 1 日,将现金存入银行。

【实训要求】

(1) 出纳将现金送存银行。

(2) 费用会计填制凭证、登账。

【操作指导】

(1) 出纳将现金送存银行。

① 阅读单据列表信息。

② 在"单据库"领取"现金解款单",填写相关信息,如图 5 - 98 所示。

③ 提交相关单据给银行对公柜员刘婷婷办理业务。

④ 出纳提交相关单据,在"单据库"领取"现金日记账"和"银行存款日记账",登记账簿。

交通银行（ 海淀支行 ）现金解款单(回 单) ①

20 20 年 01 月 01 日

收款单位	全 称	北京加旺电器有限公司		款项来源	销售边角料								
	账 号	110001859765635147703		解款部门	财务部								

人民币 (大写)：	壹万元整						十万	千	百	十	元	角	分
							¥	1	0	0	0	0	0	0

票面	张 数	种 类	千	百	十	元	角	分	
壹佰元		一 元							
五十元		角 票							
十 元		分 币							
五 元		封 包							
二 元									(收款银行盖章)

此联由银行盖章后退回单位

图 5 - 98 现金解款单

(2) 费用会计填制凭证、登账。

① 阅读单据列表信息。

② "单据库"领取"通用记账凭证"，填制凭证。

③ 提交相关单据给总账会计陈冰审核。

④ 提交相关单据给出纳李立登记账簿。

5.2.2 购销业务

采购、销售既是企业的"实物流""票据流"的重要组成部分,又与"资金流"密切关联。本业务实训主要通过模拟购销业务中的实物、票据的流转,让学生更好地了解掌握购销业务相关岗位的票据填制方法、账务处理方式以及相关工作流程。

【任务1】 2019 年 12 月 13 日,北京思宁电器有限公司向北京胜华超市有限公司销售商品,由北京速达运输有限公司承运。

【实训要求】

(1) 签订合同——北京胜华超市有限公司采购员。

(2) 接受订单——北京思宁电器有限公司销售员。

(3) 批发销售——北京思宁电器有限公司销售员:

 (3 - 1) 开具发票,填制凭证(信息化)——北京思宁电器有限公司会计。

 (3 - 2) 填制凭证(信息化)——北京胜华超市有限公司会计。

(4) 托运货物——北京思宁电器有限公司仓管员。

(5) 承运货物——北京速达运输有限公司业务员:

 (5 - 1) 开具发票,填制凭证(信息化)——北京速达运输有限公司会计。

 (5 - 2) 填制凭证(信息化)——北京思宁电器有限公司会计。

(6) 收到货物——北京胜华超市有限公司仓管员:

 (6 - 1) 填制凭证(信息化)——北京胜华超市有限公司会计。

【操作指导】

（1）**签订合同。** 2019 年 12 月 13 日,向北京思宁电器有限公司购入商品,签订合同,双方协定签订购货方收到销货方提供的发票后转账支付货款,按含税价享受以下现金折扣:2/10,1/20,n/30。

① 阅读操作界面右边单据列表的信息。

② 领取购销合同,执行"单据库"→"证照合同协议类"→"购销合同"→"就拿这些"命令,关闭对话框。

③ 在操作界面右边单据列表中选择"购销合同",根据请购单和购货方开票资料填制购销合同,如图 5 - 99 所示。

联次:**购货方** 销货方

购销合同

购方:北京胜华超市有限公司　　合同编号:201912101
销方:北京思宁电器有限公司　　签订地点:北京

供需双方本着互利互惠、长期合作的原则,根据《中华人民共和国合同法》及双方的实际情况,就需方向供方采购事宜,订立本合同,以使双方在合同履行中共同遵守。

一、产品名称、数量、单价、金额:

产品名称	规格型号	计量单位	数量	单价	金额	备注
空调	KFR-60LW	台	50	7119.00	355950.00	含税价（13%）
合计			—	—	￥355950.00	

合计人民币(大写):**叁拾伍万伍仟玖佰伍拾元整**

二、质量要求技术标准:供方对质量负责的条件和期限:按合同企业标准。

三、交(提)货地点、方式:**销货方送货至购货方仓库。**

四、付款时间与付款方式:
签订合同之日起一个月内转账支付货款,按含税价享受以下现金折扣 2/10、1/20、n/30。

五、运输方式及到站、港和费用负担:**公路运输至购货方仓库,运费由销货方承担。**

六、合理损耗及计算方法:以实际数量验收。

七、包装标准、包装物的供应与回收:普通包装,不回收包装物。

八、验收标准、方法及提出异议期限:货到需方七天内提出质量异议,不包括运输过程中造成的质量问题。

九、违约责任:按《合同法》

十、解决合同纠纷的方式:双方协商解决。

十一、其他约定事项:本合同一式两份,需、供双方各一份,经双方盖章后即生效。

购方(盖章):北京胜华超市有限公司　　销方(盖章):
单位地址:北京市海淀区阆航路18号　　单位地址:
电　话:010-67408972　　电　话:
签订日期:2019年12月13日　　签订日期:
开户银行:交通银行北京海淀支行　　开户银行:
账　号:1100195876803782269674　　账　号:

图 5 - 99　购销合同

【注意】

购货方联次录入完毕,销货方联次会自动生成,无须再行录入。

④ 带上全部单据,找总经理徐子杰审核。

(2) **接受订单**。2019 年 12 月 13 日,向北京胜华超市有限公司销售商品,签订购销合同。

① 阅读操作界面右边单据列表的信息。

② 在操作界面右边单据列表中选择"购销合同",填制购销合同中销方资料,如图 5-100 所示。

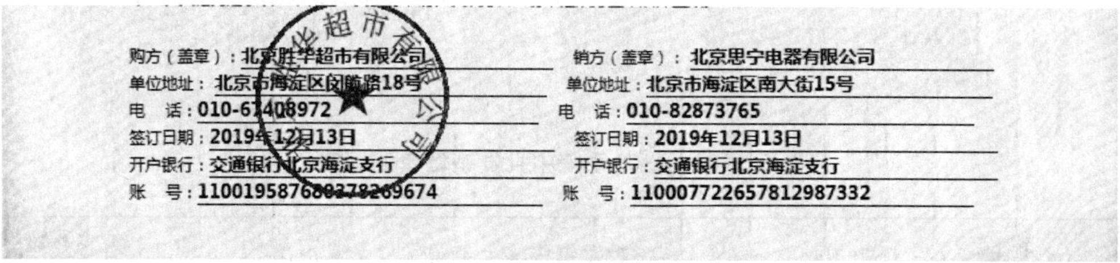

图 5-100 购销合同

【注意】

销方资料在操作界面左边企业资料→企业信息→企业信息(文档版)中查询。

③ 带上全部单据找总经理韩政聪审核(见图 5-101)。

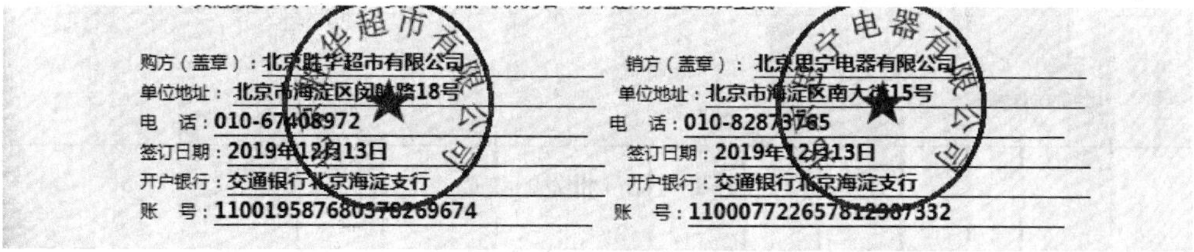

图 5-101 购销合同

(3) **批发销售**。2019 年 12 月 14 日,根据相关单据系统填制批发销售单,货物从总库发出,预计付款日期为次月 14 日。

① 阅读操作界面右边单据列表的信息。

② 在操作界面左边进入"ERP 系统",选择系统功能下的"批发管理",在批发销售下填制"批发销售单",如图 5-102 所示。

③ 带上全部单据,找销售部经理田根审核。

④ 打印单据并在批发销售单经手人处签章(3 联均要签章),如图 5-103 所示。

⑤ 带上全部单据,找销售部经理田根审核。

⑥ 带上全部单据,找会计夏姐凤审核。

⑦ 带上全部单据,找仓管员陆单审核。

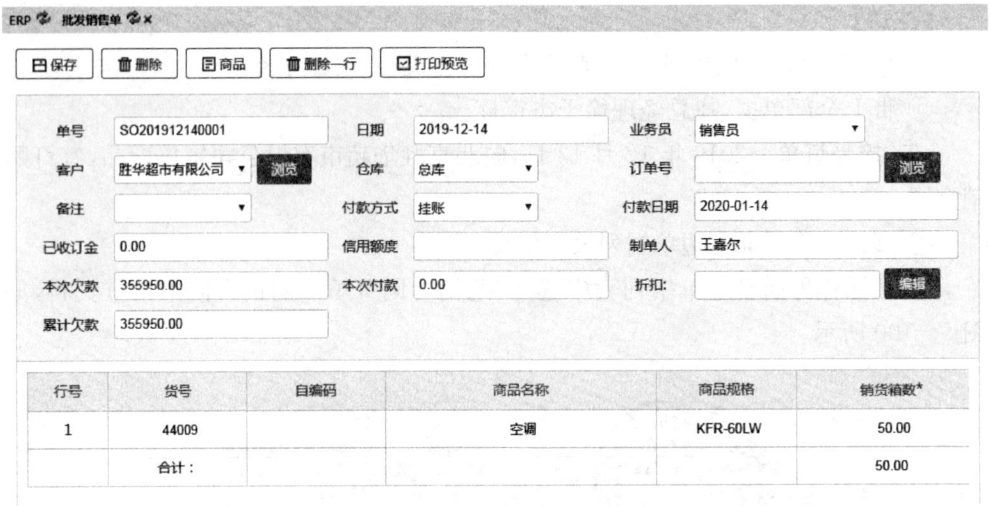
ERP 批发销售单

保存 删除 商品 删除一行 打印预览

单号 SO201912140001　日期 2019-12-14　业务员 销售员
客户 胜华超市有限公司 浏览　仓库 总库　订单号 浏览
备注　付款方式 挂账　付款日期 2020-01-14
已收订金 0.00　信用额度　制单人 王嘉尔
本次欠款 355950.00　本次付款 0.00　折扣: 编辑
累计欠款 355950.00

行号	货号	自编码	商品名称	商品规格	销货箱数*
1	44009		空调	KFR-60LW	50.00
	合计:				50.00

图 5-102　ERP 系统中批发销售单的填制

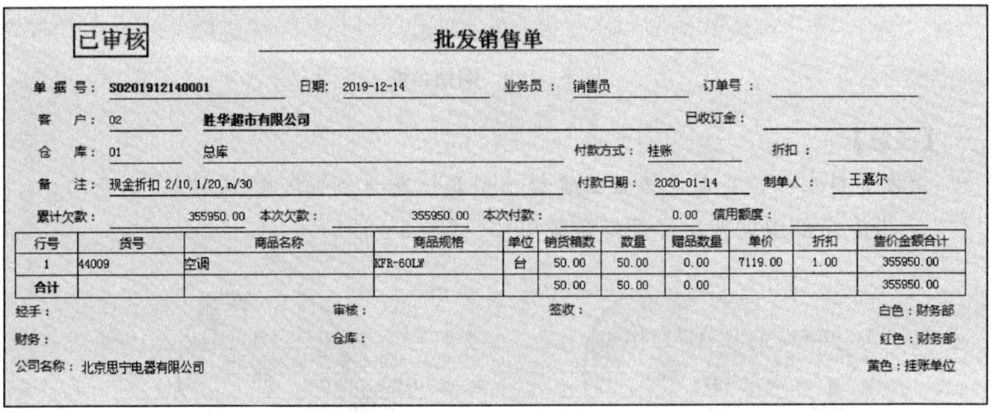
已审核

批发销售单

单据号: S0201912140001　日期: 2019-12-14　业务员: 销售员　订单号:
客　户: 02　胜华超市有限公司　已收订金:
仓　库: 01　总库　付款方式: 挂账　折扣:
备　注: 现金折扣 2/10,1/20,n/30　付款日期: 2020-01-14　制单人: 王嘉尔
累计欠款: 355950.00　本次欠款: 355950.00　本次付款: 0.00　信用额度:

行号	货号	商品名称	商品规格	单位	销货箱数	数量	赠品数量	单价	折扣	售价金额合计
1	44009	空调	KFR-60LW	台	50.00	50.00	0.00	7119.00	1.00	355950.00
合计					50.00	50.00	0.00			355950.00

经手:　审核:　签收:　白色:财务部
财务:　仓库:　红色:财务部
公司名称: 北京思宁电器有限公司　黄色:挂账单位

图 5-103　批发销售单

(3-1) **开具发票、填制凭证(信息化)**。2019 年 12 月 14 日,向北京胜华超市有限公司销售商品,开具发票,货款未收。据此编制记账凭证(信息化)。

① 阅读操作界面右边单据列表的信息,填制增值税专用发票,如图 5-104 所示。(网上申领管理—发票申领—专用发票—申领确认—领用发票—发票读入—发票填开)

② 打印增值税专用发票并盖发票专用章(3 联均盖),如图 5-105 所示。

③ 带上增值税专用发票记账联、购销合同及批发销售单,填制凭证。

④ 进入操作界面左侧信息化系统,填制凭证,如图 5-106 所示。

⑤ 带上全部单据,找会计主管张得力审核凭证。

(3-2)**填制凭证(信息化)**。2019 年 12 月 14 日,向北京思宁电器有限公司购入商品,货款未付。据此编制记账凭证(信息化)。增值税专用发票(发票联)作为记账附件,增值税专用发票(抵扣联)装订成册。

1100197840

北京增值税专用发票 NO：00237820

此联不作报销、扣税凭证使用　　　　开票日期：2019-12-14

购买方	名　　称：北京胜华超市有限公司 纳税人识别号：911101016432987119 地址、电话：北京市海淀区闵航路18号010-67408972 开户行及账号：交通银行北京海淀支行110019587680378269674			密码区			
货物或应税劳务、服务名称	规格型号	单位	数量	单价（不含税）	金额（不含税）	税率	税额
*空调*空调	KFR-60LW	台	50	6300.00	315000.00	13%	40950.00
合计					¥315000.00		¥40950.00
价税合计（大写）	叁拾伍万伍仟玖佰伍拾元整				（小写）¥355950.00		
销售方	名　　称：北京思宁电器有限公司 纳税人识别号：911101017686425483 地址、电话：北京市海淀区南大街15号010-82873765 开户行及账号：交通银行北京海淀支行110007722657812987332			备注			

收款人：　　　　复核：　　　　开票人：王嘉尔　　　　销售单位（章）

第一联：记账联　销售方记账凭证

图 5－104　增值税专用发票(开票系统)

联次：**记账联**　抵扣联　发票联

1100197840

北京增值税专用发票　　№ 00237820　　1100197840　00237820

此联不作报销、扣税凭证使用　　　　开票日期：2019年12月14日

税总函【XXXX】XXX号 XXXXXXXX公司

购买方	名　　称：北京胜华超市有限公司 纳税人识别号：911101016432987119 地址、电话：北京市海淀区闵航路18号 010-67408972 开户行及账号：交通银行北京海淀支行 110019587680378269674			密码区	02+408-7*85-13/<5/47-5-500- 8+5+>16>**89980*-8-9+33434/ 53+411//385930-0-685999+231 54-1076-79-9*11087<2--29*5/		
货物或应税劳务、服务名称	规格型号	单位	数量	单价	金额	税率	税额
*空调*空调	KFR-60LW	台	50	6300.00	315000.00	13%	40950.00
合计					¥315000.00		¥40950.00
价税合计（大写）	⊗叁拾伍万伍仟玖佰伍拾元整				（小写）¥355950.00		
销售方	名　　称：北京思宁电器有限公司 纳税人识别号：911101017686425483 地址、电话：北京市海淀区南大街15号 010-82873765 开户行及账号：交通银行北京海淀支行 110007722657812987332			备注	北京思宁电器有限公司 911101017686425483 发票专用章		

收款人：　　　　复核：　　　　开票人：王嘉尔　　　　销售方：（章）

第一联：记账联　销售方记账凭证

图 5－105　增值税专用发票

记 账 凭 证

凭证字 记 ▼

凭证号 14

日期：2019-12-14

附单据 3 张

摘　要	会 计 科 目	借方金额	贷方金额
以现金折扣方式销售	112204　应收账款　北京胜华超市有限公司	35595000	
	600109　主营业务收入　空调KFR-60LW		31500000
	22210102　应交税费　应交增值税 -- 销项税额		4095000

结算方式 ▼　数量 □□□□

结算号 □□□□　单价 □□□□

结算日期 □□□□　部门 □□□□

合计　35595000　35595000

审核：　　　过账：　　　制单：王嘉尔

图 5 - 106　信息化记账凭证

进入操作界面左侧信息化系统，填制凭证，如图 5 - 107 所示。

记 账 凭 证

凭证字 记 ▼

凭证号 17

日期：2019-12-14

附单据 2 张

摘　要	会 计 科 目	借方金额	贷方金额
购入商品	14020302　在途物资　家电类 - 空调KFR-60LW	31500000	
	22210101　应交税费　应交增值税 - 进项税额	4095000	
	220206　应付账款　北京思宁电器有限公司		35595000

结算方式 ▼　数量 □□□□

结算号 □□□□　单价 □□□□

结算日期 □□□□　部门 □□□□

合计　35595000　35595000

审核：　　　过账：　　　制单：王嘉尔

图 5 - 107　信息化记账凭证

（4）**托运货物**。2019 年 12 月 14 日,向北京胜华超市有限公司销售货物,委托北京速达运输有限公司运输。据此填制单据,办理托运手续。

① 阅读操作界面右边单据列表的信息。

② 领取承运单,执行"单据库"→"内部表单"→"承运单"→"就拿这些"命令,关闭对话框。

③ 填制承运单,如图 5-108 所示。

联次:**存根联** 客户联 跟车联

图 5-108 承运单(一)

（5）**承运货物**。2019 年 12 月 14 日,向北京思宁电器有限公司提供运输,运费 1 090 元(含税),以转账方式支付。据此填制单据。

① 阅读操作界面右边单据列表的信息。

② 填制承运单并签章(3 联均要签章),如图 5-109 所示。

③ 带上全部单据,找客户公司仓管员陆单确认。

（5-1）**开具发票,填制凭证(信息化)**。2019 年 12 月 14 日,向北京思宁电器有限公司提供运输,开具发票,运费未收。据此编制记账凭证(信息化)。

① 阅读操作界面右边单据列表的信息,填制增值税专用发票,如图 5-110 所示。

② 打印增值税专用发票并盖发票专用章(3 联均盖)。

③ 带上增值税专用发票记账联和承运单,填制凭证。

④ 进入操作界面左侧信息化系统,填制凭证,如图 5-111 所示。

联次：**存根联** 客户联 跟车联

承运单

发货单位	北京思宁电器有限公司			收货单位	北京胜华超市有限公司		
发货地址	北京市海淀区南大街15号			收货地址	北京市海淀区闵航路18号		
联系人	陆单	联系电话	010-828737	联系人	周思辉	联系电话	010-67408972
货物名称	空调	件数	50		重量		
全程运费	￥1090.00（大写：人民币壹仟零玖拾元整　　　　）				起止日期：		
付款方式：转账支付					2019年12月14日-2019		
承运方	北京速达运输有限公司			联系电话	010-828778	车牌号	东风牌货车京
司机姓名	黎具梦	联系电话		驾驶证号			
发货方签字				承运人签字	王嘉尔	司机签字	

图 5-109　承运单（二）

1100198270

北京增值税专用发票　　NO：87652257

此联不作报销、扣税凭证使用　　　　　开票日期：2019-12-14

购买方	名　称：北京思宁电器有限公司　… 纳税人识别号：911101017686425483 地　址、电话：北京市海淀区南大街15号010-82873765 开户行及账号：交通银行北京海淀支行110007722657812987332							密码区

货物或应税劳务、服务名称	规格型号	单位	数量	单价（不含税）	金额（不含税）	税率	税额
*运输服务*运费　…			1	1000.00	1000.00	9%	90.00
合计					￥1000.00		￥90.00
价税合计（大写）	壹仟零玖拾元整				（小写）￥1090.00		

销售方	名　称：北京速达运输有限公司 纳税人识别号：911101017162387654 地　址、电话：北京市海淀区中关物流城12座28A010-82877832 开户行及账号：交通银行北京海淀支行110032312219657510212	备注	海淀区至海淀区、东风牌货车京D68135、空调

收款人：　　　　复核：　　　　开票人：王嘉尔　　　　销售单位（章）

图 5-110　增值税专用发票

记 账 凭 证

日期：2019-12-14

凭证字 记 ▼
凭证号 13
附单据 2 张

摘　　　要	会 计 科 目	借方金额	贷方金额
确认运输收入	112207　　应收账款 　北京思宁电器有限公司	109000	
	600101　　主营业务收入 　运输收入		100000
	22210105　应交税费 　应交增值税－销项税额		9000

结算方式	▼	数量		合计	109000	109000
结算号		单价				
结算日期		部门				

审核：　　　　　　过账：　　　　　　制单：王嘉尔

图 5‐111　信息化记账凭证

（5‐2）**填制凭证(信息化)**。2019 年 12 月 14 日,委托北京速达运输有限公司托运货物,发生运费,尚未支付。据此编制记账凭证(信息化)。增值税专用发票(发票联)作为记账附件,增值税专用发票(抵扣联)装订成册。

① 进入操作界面左侧信息化系统,填制凭证,如图 5‐112 所示。

记 账 凭 证

日期：2019-12-14

凭证字 记 ▼
凭证号 15
附单据 1 张

摘　　　要	会 计 科 目	借方金额	贷方金额
委托运输	660112　　销售费用 　运费	100000	
	22210101　应交税费 　应交增值税－进项税额	9000	
	220206　　应付账款 　北京速达运输有限公司		109000

结算方式	▼	数量		合计	109000	109000
结算号		单价				
结算日期		部门				

审核：　　　　　　过账：　　　　　　制单：王嘉尔

图 5‐112　信息化记账凭证

② 带上全部单据，找会计主管张得力审核凭证。

(6) **收到货物**。2019 年 12 月 14 日，收到所购买的商品，清点并验收入库。据此填制单据并登记相关账簿。

① 阅读操作界面右边单据列表的信息。

② 领取入库单，执行“单据库”→“仓库类”→“入库单”→“就拿这些”命令，关闭对话框。

③ 填制入库单并签章(4 联均要签章)，如图 5－113 所示。

入　　库　　单

2019 年 12 月 14 日　　　　单号 201912202

交来单位及部门	北京思宁电器有限公司	发票号码或完工单号码	S0201912140001	验收仓库	仓库	入库日期	2019年12月14日

编号	名称及规格	单位	数量		实际价格		计划价格		价格差异
			交库	实收	单价	金额	单价	金额	
	空调KFR-60LW	台	50	50					
	合　　计	----	----	----					

业务联

部门经理：　　会计：　　仓库：王嘉尔　　经办人：

图 5－113　入库单

【注意】

发票号码或生产单号码取自批发销售单中的单据号。

④ 在批发销售单上签收处签章，如图 5－114 所示。

已审核

批发销售单

单据号：S0201912140001　　日期：2019-12-14　　业务员：销售员　　订单号：

客　户：02　　胜华超市有限公司　　已收订金：

仓　库：01　　总库　　付款方式：挂账　　折扣：

备　注：现金折扣 2/10,1/20,n/30　　付款日期：2020-01-14　　制单人：高北

累计欠款：355950.00　　本次欠款：355950.00　　本次付款：0.00　　信用额度：

行号	货号	商品名称	商品规格	单位	销货箱数	数量	赠品数量	单价	折扣	售价金额合计
1	44009	空调	KFR-60LW	台	50.00	50.00	0.00	7119.00	1.00	355950.00
合计					50.00	50.00	0.00			355950.00

经手：高北　　审核：田根　　签收：王嘉尔　　白色：财务部

财务：　　仓库：陆单　　红色：财务部

公司名称：北京思宁电器有限公司　　黄色：挂账单位

页数　1/1　　打印人：高北　　打印时间：2019-12-14

图 5－114　批发销售单

⑤ 带上全部单据，找采购员万京巩审核。

⑥ 带上全部单据，找会计萧俭丽审核。

⑦ 领取仓库台账，执行“单据库”→“账簿类”→“仓库台账”→“就拿这些”命令，关闭对话框。

⑧ 在操作界面右边单据列表中选择“仓库台账”，并根据“入库单”登记账簿，如图 5－115 所示。

仓库台账

分页　　　总页

最高存量　　　　　编号、名称 空调

最低存量　　　　储备天数　　　　存放地点 仓库　　　　计量单位 台　　　　规格 KFR-60LW　　　　类别 库存商品

2019 年 月	日	原始单据号	摘　要	对应单位/部门	期初库存	入库数	出库数	结存数	备注
11	30		承前页			***	***	5	
12	14	201912202	外购入库	北京思宁电器有限公司		50		55	

图 5－115　仓库台账

(6－1) **填制凭证(信息化)**。2019 年 12 月 15 日，向北京思宁电器有限公司购买的商品验收入库。据此编制记账凭证(信息化)。

进入操作界面左侧信息化系统，填制凭证，如图 5－116 所示。

记　账　凭　证

凭证字 记　　凭证号 20

日期：2019-12-15　　附单据 3 张

摘　　要	会　计　科　目	借方金额	贷方金额
商品验收入库	14050302　库存商品 家电类 -- 空调KFR-60LW	49000000	
	14020302　在途物资 家电类 -- 空调KFR-60LW		31500000
	14070302　商品进销差价 家电类 -- 空调KFR-60LW		17500000

结算方式		数量	50.00	合计	49000000　49000000
结算号		单价	9800.0000		
结算日期		部门			

审核：　　　过账：　　　制单：王嘉尔

图 5－116　信息化记账凭证

5.2.3 委托加工业务

通过实训,学生应掌握委托加工业务相关单据的填制,会计处理,材料明细账的设置和登记以及相关业务的操作流程。

1. 北京加旺电器有限公司收到北京成海喷塑加工有限公司加工好的货物

1) 北京成海喷塑加工有限公司相关业务

【任务1】 填制单据。2019年12月2日,北京成海喷塑加工有限公司加工完成后的货物发回北京加旺电器有限公司。

【实训要求】 业务员填制单据并提交有关人员审核单据。

【操作指导】

(1) 阅读操作界面右边单据列表的信息(委外加工订单)。

(2) 领取受托加工发货单,执行"单据库"→"销售类"→"受托加工发货单"→"就拿这些"命令,关闭对话框。

(3) 根据操作界面右边委外加工订单填写受托加工发货单,受托加工发货单一式四联,各联次全部都要填写,如图5-117~图5-120所示。

(4) 将委外加工订单、受托加工发货单,提交给相关人员审核,如图5-121所示。

【任务2】 开具发票。2019年12月2日,加工完后的货物发回北京加旺电器有限公司,并开具发票。

【实训要求】 会计填开并打印发票。

【操作指导】

(1) 阅读操作界面右边单据列表的信息(受托加工发货单、金税盘、增值税专用发票开票系统)。

联次:**存根联** 会计联 仓库联 业务联

受托加工发货单

委托单位:北京加旺电器有限公司 地址和电话:北京市海淀区温泉镇中关村环保园12号 010-87675687 单据编号:201912001
纳税识别号:911101016709563831 开户行及账号:交通银行北京海淀支行 1100018597655435147703 制单日期:2019年12月02日

编码	产品名称	规格	单位	加工程度	数量	加工单价	加工费金额
	空调外机外壳	KFR-23GW	件	喷塑	480	4.62	2217.60
合计	(人民币)大写:贰仟贰佰壹拾柒元陆角整				——	——	￥2217.60

总经理: 部门经理: 经办人:**王嘉尔** 会计: 签收人:

图5-117 受托加工发货单(存根联)

受托加工发货单

委托单位：北京加旺电器有限公司 地址和电话：北京市海淀区温泉镇中关村环保园12号 010-87675687 单据编号：201912001

纳税识别号：911101016709563831 开户行及账号：交通银行北京海淀支行 110001859765635147703 制单日期：2019年12月02日

编码	产品名称	规格	单位	加工程度	数量	加工单价	加工费金额
	空调外机外壳	KFR-23GW	件	喷塑	480	4.62	2217.60
合计	（人民币）大写：贰仟贰佰壹拾柒元陆角整				——	——	￥2217.60

总经理： 部门经理： 经办人：王嘉尔 会计： 签收人：

图 5－118 受托加工发货单（会计联）

受托加工发货单

委托单位：北京加旺电器有限公司 地址和电话：北京市海淀区温泉镇中关村环保园12号 010-87675687 单据编号：201912001

纳税识别号：911101016709563831 开户行及账号：交通银行北京海淀支行 110001859765635147703 制单日期：2019年12月02日

编码	产品名称	规格	单位	加工程度	数量	加工单价	加工费金额
	空调外机外壳	KFR-23GW	件	喷塑	480	4.62	2217.60
合计	（人民币）大写：贰仟贰佰壹拾柒元陆角整				——	——	￥2217.60

总经理： 部门经理： 经办人：王嘉尔 会计： 签收人：

图 5－119 受托加工发货单（仓库联）

受托加工发货单

委托单位：北京加旺电器有限公司 地址和电话：北京市海淀区温泉镇中关村环保园12号 010-87675687 单据编号：201912001

纳税识别号：911101016709563831 开户行及账号：交通银行北京海淀支行 110001859765635147703 制单日期：2019年12月02日

编码	产品名称	规格	单位	加工程度	数量	加工单价	加工费金额
	空调外机外壳	KFR-23GW	件	喷塑	480	4.62	2217.60
合计	（人民币）大写：贰仟贰佰壹拾柒元陆角整				——	——	￥2217.60

总经理： 部门经理： 经办人：王嘉尔 会计： 签收人：

图 5－120 受托加工发货单（业务联）

受托加工发货单

委托单位：北京加旺电器有限公司 地址和电话：北京市海淀区温泉镇中关村环保园12号 010-87675687 单据编号：201912001

纳税识别号：911101016709563831 开户行及账号：交通银行北京海淀支行 11000185976635147703　　制单日期：2019年12月02日

编码	产品名称	规格	单位	加工程度	数量	加工单价	加工费金额
	空调外机外壳	KFR-23GW	件	喷塑	480	4.62	2217.60
合计	（人民币）大写：贰仟贰佰壹拾柒元陆角整				——	——	￥2217.60

总经理：田换枝　　部门经理：周国麦　　经办人：王嘉尔　　会计：段基鹏　　签收人：

图 5 - 121　受托加工发货单

（2）发票填开。点击操作界面右边单据列表里的受托加工发货单和增值税专用发票开票系统，根据受托加工发货单填写增值税专用发票，如图 5 - 122 所示。

北京增值税专用发票　　NO：50831751

1100193420

此联不作报销、扣税凭证使用　　　　　　开票日期：2019-12-02

购买方	名称：北京加旺电器有限公司 ...		密码区	
	纳税人识别号：911101016709563831			
	地址、电话：北京市海淀区温泉镇中关村环保园12号010-87675687			
	开户行及账号：交通银行北京海淀支行11000185976635147703			

货物或应税劳务、服务名称	规格型号	单位	数量	单价（不含税）	金额（不含税）	税率	税额
*劳务*加工费 ...			1	2217.6	2217.60	13%	288.29

合计		￥2217.60	￥288.29
价税合计（大写）	贰仟伍佰零伍元捌角玖分	（小写）￥2505.89	

销售方	名称：北京成海喷塑加工有限公司	备注
	纳税人识别号：911101016588734451	
	地址、电话：北京市海淀区黄村镇西庄西九号010-60275896	
	开户行及账号：交通银行北京海淀支行11001010400130586439 2	

收款人：　　　复核：　　　开票人：王嘉尔　　　销售单位（章）

图 5 - 122　增值税专用发票

（3）发票打印。将填好的发票打印出来，并在各联次销售方处加盖本单位公章，如图 5 - 123～图 5 - 125 所示。

联次：记账联 抵扣联 发票联

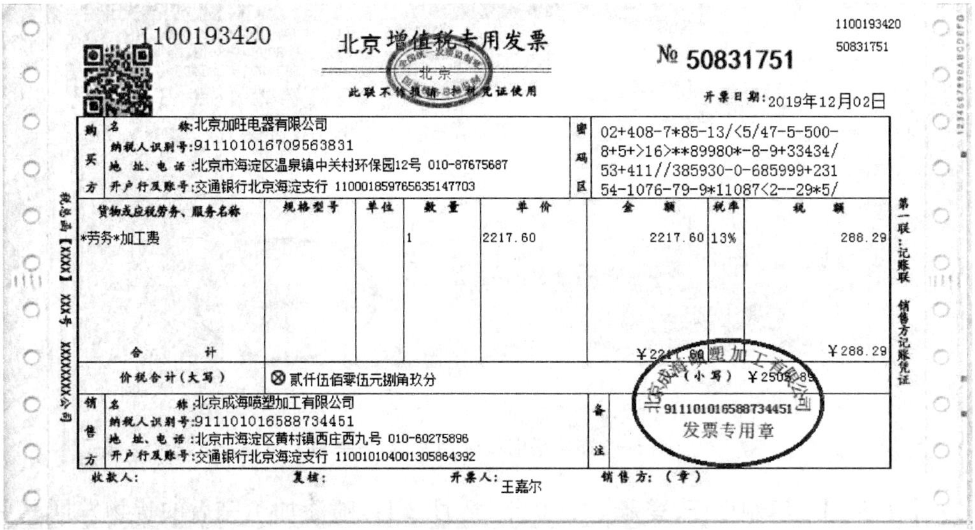

联次：记账联 抵扣联 发票联

图 5－123 增值税专用发票(记账联)

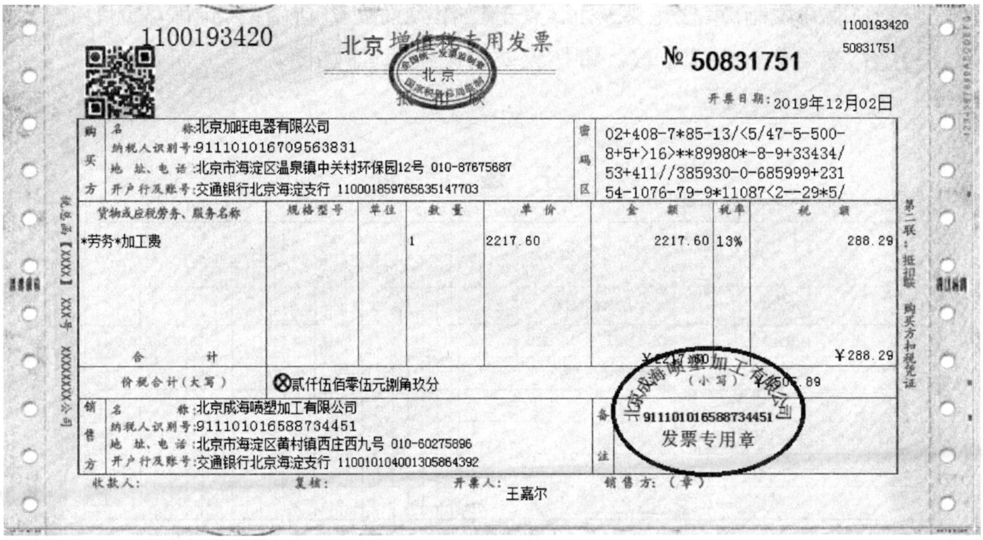

图 5－124 增值税专用发票(抵扣联)

联次：记账联 抵扣联 发票联

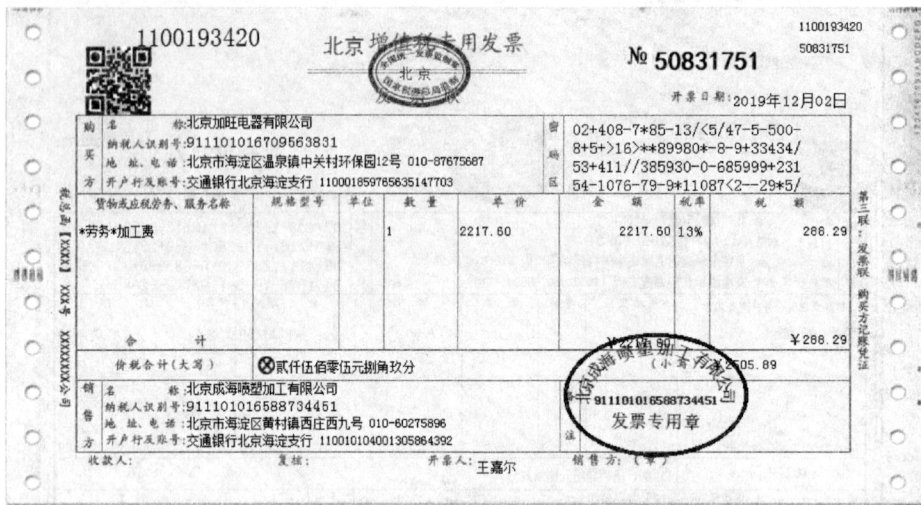

图 5-125　增值税专用发票(发票联)

【任务 3】　**填制凭证、登账。**2019 年 12 月 2 日，喷漆加工完后的货物发回北京加旺电器有限公司，据此填制记账凭证并登记账簿。(记账凭证 001 号)

【实训要求】　会计填制凭证、登账。

【操作指导】

(1) 阅读操作界面右边单据列表的信息(受托加工发货单、增值税专用发票)。

(2) 领取并填制、审核记账凭证，点击操作界面右边新增的"记账凭证"，进行填写，填好后，交给会计主管审核。审核无误的记账凭证，如图 5-126 所示。

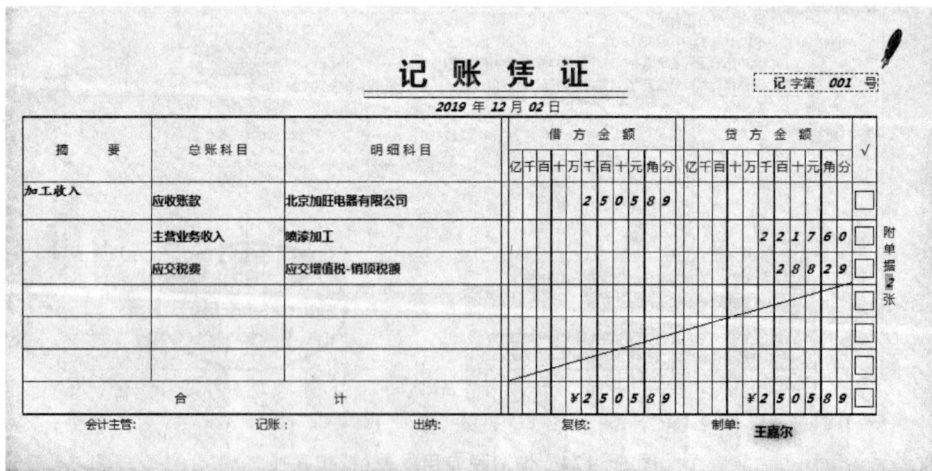

图 5-126　记账凭证

(3) 领取应收账款明细账、主营业务收入明细账、应交增值税明细账并进行登记，如图 5-127、图 5-128 所示。

分页:______ 总页:______

应收账款明细账

二级科目:北京加旺电器有限公司　　　级科目:

2019 年 月	日	凭证 种类	号数	摘要	日页	借方	贷方	借或贷	余额
11	30			承前页		18380000	14590000	借	16900000
12	02	记	001	加工收入		250589		借	17150589

图 5－127　应收账款明细账

分页:______ 总页:______

主营业务收入明细账

二级科目:喷漆加工　　　级科目:

2019 年 月	日	凭证 种类	号数	摘要	日页	借方	贷方	借或贷	余额
11	30			承前页		15628648б	156286486	平	000
12	02	记	001	加工收入			221760	贷	221760

图 5－128　主营业务收入明细账

【注意】

其中应交增值税明细账的结果较长，无法有效显示，应注意填写好其中每一个明细项目及对应的合计数。

【任务 4】　发出货物。2019 年 12 月 2 日，北京成海喷塑加工有限公司将加工完后的货物发回北京加旺电器有限公司。

【实训要求】　由仓管人员执行下列操作。

【操作指导】

(1) 阅读操作界面右边单据列表的信息(受托加工发货单)。

(2) 领取并填写出库单，执行“单据库”→“仓库类”→“出库单”→“就拿这些”命令，关闭对话框，点击操作界面右边单据列表里的受托加工发货单和出库单，根据受托加工发货单填写出库单，出库单各联次的仓库处都应签章，如图 5－129 所示。

出　　库　　单

出货单位：北京成海喷塑加工有限公司　　2019 年 12 月 02 日　　单号：201912001

提货单位或领货部门	北京加旺电器有限公司	销售单号	201912001	发出仓库	成品仓库	出库日期	2019年12月02日

编号	名称及规格	单位	数量 应发	数量 实发	单价	金额
	空调外机外壳KFR-23GW	件	480	480		
合计						

业务联

部门经理：　　会计：　　仓库：王嘉尔　　经办人：

图 5－129　出库单

【说明】 只显示业务联，其他联次同理。

(3) 审核单据。将所有单据交给相关人员审核，审核无误的出库单如图 5 - 130 所示。

联次：仓库联

出　　库　　单

出货单位：北京成海喷塑加工有限公司　　2019 年 12 月 02 日　　单号：201912001

提货单位或领货部门	北京加旺电器有限公司	销售单号	201912001	发出仓库	成品仓库	出库日期	2019年12月02日

编号	名称及规格	单位	数量 应发	数量 实发	单价	金额
	空调外机外壳KFR-23GW	件	480	480		
合　　计						

仓库联

部门经理：[redacted]　　会计：[redacted]　　仓库：[redacted]　　经办人 [redacted]

图 5 - 130　出库单

(4) 登记账簿。从“单据库”→“仓库类”领取“仓库台账”，并登记，如图 5 - 131 所示。

仓库台账

分页　　总页

最高存量　　编号、名称空调外机外壳

最低存量　　储备天数　　存放地点 成品仓库　　计量单位 件　　规格 KFR-23GW　　类别 受托加工成品

2019 年 月	日	原始单据号	摘　要	对应单位/部门	期初库存	入库数	出库数	结存数	备注
11	30		承前页			***	***	480	
12	02	201912001	受托加工出库	北京加旺电器有限公			480	0	

图 5 - 131　仓库台账

【任务 5】 **登账**。2019 年 12 月 2 日，北京成海喷塑加工有限公司将加工完后的货物发回北京加旺电器有限公司，登记相关账簿。

【实训要求】 会计登记相关账簿。

【操作指导】

(1) 阅读操作界面右边单据列表的信息(出库单、受托加工物资备查簿)。

(2) 点击“受托加工物资备查簿”，根据出库单填写受托加工物资备查簿，如图 5 - 132 所示。

2) 北京加旺电器有限公司相关业务

【任务 1】 **收到货物**。2019 年 12 月 2 日，收到北京成海喷塑加工有限公司加工完后发回的货物，验收入库。

图 5 - 132　受托加工物资备查簿

【实训要求】　由仓管人员执行下列操作。

【操作指导】

(1) 阅读操作界面右边单据列表的信息(受托加工发货单)。

(2) 领取并填写委托加工收料单,执行"单据库"→"仓库类"→"委托加工收料单"→"就拿这些"命令,关闭对话框,点击操作界面右边单据列表里的受托加工发货单和委托加工收料单,根据受托加工发货单填写委托加工收料单,委托加工收料单各联次的仓库处都应签章,如图 5 - 133 所示。

图 5 - 133　委托加工收料单

【说明】　只显示外协厂商联,其他联次同理。

(3) 在受托加工发货单签收人处签章,将所有单据提交给有关人员(质检员、采购经理)审核,如图 5 - 134 所示。

【说明】　其余联次同上。

(4) 仓管人员领取并登记仓库台账。

【任务 2】　填制凭证、登账。2019 年 12 月 2 日,收到北京成海喷塑加工有限公司加工完成后发回的货物,据此编制记账凭证及登记相关账簿。(记账凭证 003 号)增值税专用发票(发票联)作为记账附件,增值税专用发票(抵扣联)递交给税务会计装订成册。

联次：**外协厂商** 会计 仓库 存根

委托加工收料单

收料仓库：半成品仓库　　　　　　　　　　　　　单据编号：20197001
受托单位：北京成海喷塑加工有限公司　　　　　　制单日期：2019年12月02日

编码	材料名称	规格	单位	加工程度	数量	单价	金额
	空调外机外壳	KFR-23GW	件	喷塑	480		
合计							

主管：成宝凤　　　　质量检验员：乔涪季　　　　仓管员：王嘉尔　　　　经办人：叶广淮

图 5-134　委托加工收料单

【实训要求】　由财产物资会计填制相关凭证、登账。

【操作指导】

(1) 阅读操作界面右边单据列表的信息（委托加工收料单、增值税专用发票）。

(2) 领取并填制、审核记账凭证，执行"单据库"→"会计凭证类"→"通用记账凭证"→"就拿这些"命令，关闭对话框，点击操作界面右边新增的"记账凭证"进行填写。填好后，交给总账会计审核。

(3) 领取委托加工物资明细账（三栏式）进行登记，并在记账凭证上记账符号栏打上钩，如图 5-135、图 5-136 所示。

【任务3】　登账。2019 年 12 月 2 日，收到北京成海喷塑加工有限公司加工完成后发回的货物，据此登记相关账簿。增值税专用发票（发票联）作为记账附件，增值税专用发票（抵扣联）装订成册。

【实训要求】　由税务会计登账。

【操作指导】

(1) 阅读操作界面右边单据列表的信息（委托加工收料单、增值税专用发票、记账凭证）。

图 5-135　委托加工物资明细账

记 账 凭 证

记字第 003 号

2019 年 12 月 02 日

摘要	总账科目	明细科目	借方金额	贷方金额	√
收到委托加工半成品	委托加工物资	加工费-空调外机外壳KFR-23GW	221760		√
	应交税费	应交增值税-进项税额	28829		
	应付账款	北京成海喷塑加工有限公司		250589	
合		计	¥250589	¥250589	

附单据 2 张

会计主管:　记账：王嘉尔　出纳:　复核：陈冰　制单：王嘉尔

图 5 - 136　记账凭证

(2) 领取应交增值税明细账。

(3) 登记应交增值税明细账，并在记账凭证上记账符号栏打钩，如图 5 - 137 所示。

记 账 凭 证

记字第 003 号

2019 年 12 月 02 日

摘要	总账科目	明细科目	借方金额	贷方金额	√
收到委托加工半成品	委托加工物资	加工费-空调外机外壳KFR-23GW	221760		√
	应交税费	应交增值税-进项税额	28829		√
	应付账款	北京成海喷塑加工有限公司		250589	
合		计	¥250589	¥250589	

附单据 2 张

会计主管:　记账：温青王嘉尔　出纳:　复核：陈冰　制单：温青

图 5 - 137　记账凭证

【说明】 应交增值税明细账的结果较长，无法有效显示，应注意填写好其中每一个明细项目及对应的合计数。

【任务 4】 登账。2019 年 12 月 2 日，收到北京成海喷塑加工有限公司加工完成后发回的货物，据此登记相关账簿。增值税专用发票(发票联)作为记账附件，增值税专用发票(抵扣联)装订成册。

【实训要求】 由往来会计登账。

【操作指导】

（1）阅读操作界面右边单据列表的信息（委托加工收料单、增值税专用发票、记账凭证）。

（2）领取应付账款明细账。

（3）登记应付账款明细账，并在记账凭证上记账符号栏打钩，如图 5－138、图 5－139 所示。

分页：________ 总页：________

应付账款明细账

二 级科目：北京成海喷塑加工有限公司　　　级科目：________

2019 年 月	日	凭证 种类	号数	摘要	日页	借方（亿千百十万千百十元角分）	贷方（亿千百十万千百十元角分）	借或贷	余额（亿千百十万千百十元角分）
12	01			承前页		84500000	85685481	贷	16900000
12	02	记	003	收到委托加工半成品			250589	贷	17150589

图 5－138　应付账款明细账

记　账　凭　证

2019 年 12 月 02 日　　　记 字第 003 号

摘要	总账科目	明细科目	借方金额（亿千百十万千百十元角分）	贷方金额（亿千百十万千百十元角分）	√
收到委托加工半成品	委托加工物资	加工费-空调外机外壳KFR-23GW	221760		√
	应交税费	应交增值税-进项税额	28829		
	应付账款	北京成海喷塑加工有限公司		250589	√
合计			¥250589	¥250589	

附单据 2 张

会计主管：　记账：温青 王嘉尔　出纳：　复核：陈冰　制单：温青

图 5－139　记账凭证

2. 加旺电器发出半成品委托北京成海喷塑加工有限公司加工

1）北京加旺电器有限公司相关业务

【任务 1】 **下达订单。**2019 年 12 月 8 日，北京加旺电器有限公司发出半成品委托北京成海喷塑加工有限公司喷塑，签订合同。

【实训要求】 采购人员填制单据并提交给相关人员审核。

【操作指导】

（1）阅读操作界面右边单据列表的信息（委外加工订单、委外加工申请单、加工单价表)。

(2) 填写委外加工订单,领取并填写委托加工合同,执行"单据库"→"证照合同协议类"→"委托加工合同"→"就拿这些"命令,关闭对话框,点击操作界面右边单据列表里的委托加工合同和委外加工订单,根据委外加工申请单和界面左边的企业资料,填写委托加工合同第二页甲方信息和委外加工订单,然后在委托外加工订单制单处签章,如图 5-140 所示。

委托外加工订单

下 单 日 期: 2019年12月08日			订 购 单 号: 1201206		
厂 商 名 称: 北京成海喷塑加工有限公司			送 货 日 期: 2019年12月08日		
联 系 方 式: 010-60275896			结 算 方 式: 月结		

序号	品名及规格	加工要求	单位	数量	加工单价	加工费金额(不含税)
	空调外机外壳KFR-2	喷塑	件	700	4.62	3234.00
	合计	——	——	——		¥3234.00

批准人: 孙涛 　　　　审核: 成宝凤 　　　　制单: 王嘉尔

图 5-140　委外加工订单和委托加工合同

(3) 将所有单据提交给相关人员审核,审核无误即完成任务。

【任务2】 发出货物。 2019 年 12 月 8 日,向北京成海喷塑加工有限公司发出半成品,填制单据并登记相关账簿。

【实训要求】 仓管员填制单据并提交给相关人员审核。

【操作指导】

(1) 阅读操作界面右边单据列表的信息(委外加工申请单)。

(2) 领取委托加工发料单,执行"单据库"→"仓库类"→"委托加工发料单"→"就拿这些"命令,关闭对话框。

(3) 根据委外加工申请单填写委托加工发料单,各联次仓管员处都应签章,然后提交给相关人员审核,审核无误后,结果如图 5-141 所示。

(4) 仓管员领取仓库台账,登记仓库台账,如图 5-142 所示。

联次：仓库 存根

委托加工发料单

发料单位：北京加旺电器有限公司　　单据编号：20193001

受托单位：北京成海喷塑加工有限公司　　制单日期：2019年12月08日

编码	材料名称	规格	单位	加工程度	数量	单价	金额
	热轧镀锌板	7MM	件	喷塑	700		
合计							

主管：成宝凤　　会计：温青　　仓管员：王嘉尔　　经办人：叶广淮

图 5－141　委托加工发料单

仓库台账

分页＿＿＿＿　总页＿＿＿＿

最高存量＿＿＿＿　　编号、名称 热轧镀锌板

最低存量＿＿＿＿　储备天数＿＿＿＿　存放地点 原材料仓库　计量单位 件　规格 7MM　类别 原料及主要材料

2019年 月	日	原始单据号	摘要	对应单位/部门	期初库存	入库数	出库数	结存数	备注
11	30		承前页			***	***	2424	
12	02	20191001	外购入库	北京富强钢铁有限公		1524		3948	
12	02	20192001	车间领用出库	注塑车间			800	3148	
12	08	20193001	委托加工出库	北京成海喷塑加工有			700	2448	

图 5－142　仓库台账

2）北京成海喷塑加工有限公司相关业务

【任务1】 **接受订单**。2019年12月8日，北京加旺电器有限公司发出半成品委托北京成海喷塑加工有限公司喷塑，签订合同。

【实训要求】 业务员填制单据并提交给相关人员审核。

【操作指导】

（1）阅读操作界面右边单据列表的信息（委外加工订单、委托加工合同）。

（2）填写委托加工合同，根据界面左边的企业资料，填写委托加工合同第二页乙方信息，然后将所有单据提交给相关人员审核，审核无误后，结果如图5－143、图5－144所示。

【任务2】 **收到货物**。2019年12月8日，收到北京加旺电器有限公司发出的半成品，清点入库并登记相关台账。

【实训要求】 仓管人员填制单据，提交给相关人员审核，仓管员登记台账。

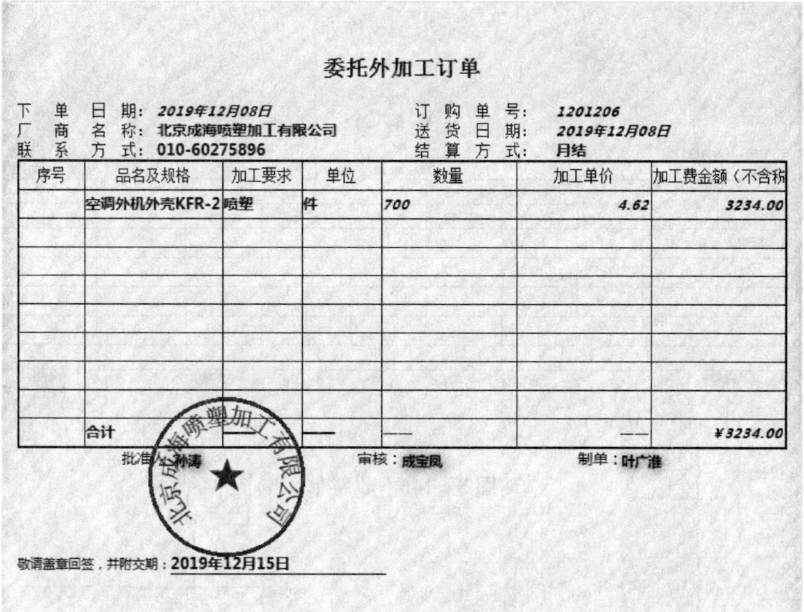

委托外加工订单

下单日期：2019年12月08日　　订购单号：1201206
厂商名称：北京成海喷塑加工有限公司　　送货日期：2019年12月08日
联系方式：010-60275896　　结算方式：月结

序号	品名及规格	加工要求	单位	数量	加工单价	加工费金额（不含税
	空调外机外壳KFR-2	喷塑	件	700	4.62	3234.00
	合计	—	—	—	—	¥3234.00

批准人：孙涛　　审核：成宝凤　　制单：叶广淮

敬请盖章回签，并附交期：2019年12月15日

图 5－143　委外加工订单

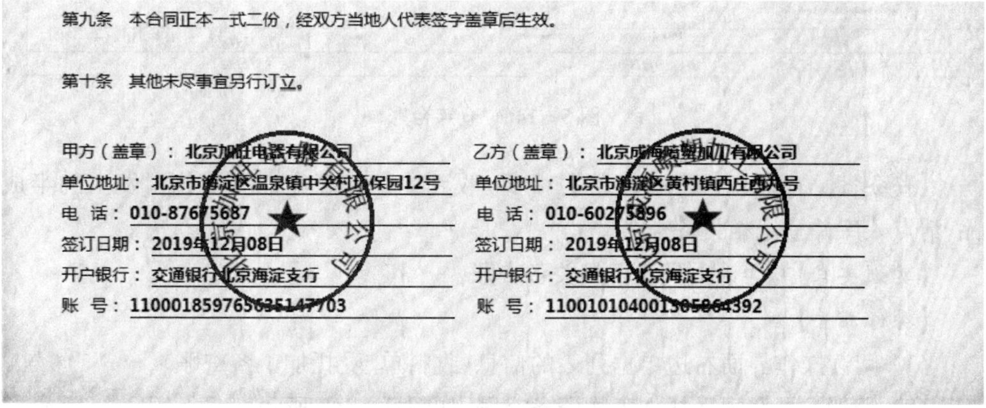

第九条　本合同正本一式二份，经双方当地人代表签字盖章后生效。

第十条　其他未尽事宜另行订立。

甲方（盖章）：北京加旺电器有限公司
单位地址：北京市海淀区温泉镇中关村环保园12号
电　话：010-87675687
签订日期：2019年12月08日
开户银行：交通银行北京海淀支行
账　号：110001859765635147703

乙方（盖章）：北京成海喷塑加工有限公司
单位地址：北京市海淀区黄村镇西庄西九号
电　话：010-60275896
签订日期：2019年12月08日
开户银行：交通银行北京海淀支行
账　号：110010104001505864392

图 5－144　委托加工合同

【操作指导】

（1）阅读操作界面右边单据列表的信息(委托加工发料单)。

（2）领取及填写收料单，并提交审核，执行“单据库”→“仓库类”→“收料单”→“就拿这些”命令，关闭对话框，根据委托加工发料单填写收料单，并在各联次仓管员处签章，然后交给相关人员审核签章，如图5－145所示。

（3）仓管员在单据库领取仓库台账并登记，如图 5－146 所示。

联次：仓库联

收 料 单

供应单位：北京加旺电器有限公司　　　　编号：201912021

材料类别：原材料　　　　2019 年 12 月 08 日　　　　收料仓库：原材料仓库

材料编号	材料名称	规 格	计量单位	数 量		实际价格				计划价格	
				应 收	实 收	单 价	材料金额	运杂费	合 计	单 价	金 额
	热轧镀锌板	7MM	件	700	700						
备注：											

仓库联

部门经理：周固爽　　质量检验员：钱金才　　仓库：王嘉尔　　经办人：柴财秀

图 5－145　收料单

仓库台账

分页＿＿＿＿　总页＿＿＿＿

最高存量＿＿＿＿　　编号、名称 热轧镀锌板

最低存量＿＿＿＿　储备天数＿＿＿＿　存放地点 原材料仓　计量单位 件　规格 7MM　类别 受托加工来料

2019 年 月	日	原始单据号	摘 要	对应单位/部门	期初库存	入库数	出库数	结存数	备注
11	30		承前页			***	***	1412	
12	08	201912021	受托加工入库	北京加旺电器有限公		700		2112	

图 5－146　仓库台账

【任务 3】　登账。2019 年 12 月 8 日，收到北京加旺电器有限公司发出的半成品，清点入库并登记相关备查账。

【实训要求】　会计人员登记相关备查账。

【操作指导】

(1) 阅读操作界面右边单据列表的信息(收料单、受托加工备查账)。

(2) 会计人员登记受托加工物资备查账，如图 5－147 所示。

受托加工物资备查账

分页＿＿＿＿　总页＿＿＿＿

最高存量＿＿＿＿　　编号、名称 热轧镀锌板

最低存量＿＿＿＿　储备天数＿＿＿＿　存放地点 原材料仓　计量单位 件　规格 7MM　类别 受托加工来料

2019 年 月	日	原始单据号	摘 要	对应单位/部门	期初库存	入库数	出库数	结存数	备注
11	30		承前页			***	***	1412	
12	08	201912021	受托加工入库	北京加旺电器有限公		700		2112	

图 5－147　受托加工物资备查账

5.2.4　委托代销业务

委托代销是一种特殊的销售方式，通过此业务实训，学生了解代销各环节中商品所有权的转移与收入、成本确认的关系。同时，学生要掌握相关单据的填写及账务处理。

1. 北京加旺电器有限公司相关业务

【任务 1】　签订合同。2019 年 12 月 1 日，北京加旺电器有限公司与天津海文商贸有限公司签订委托代销合同。

【实训要求】　销售人员签订合同，提交给总经理审核。

【操作指导】

（1）阅读操作界面右边单据列表的信息（产品代销合同）。

（2）根据界面左边的企业资料，销售人员填写产品代销合同第二页甲方信息，提交给总经理审核，如图 5－148 所示。

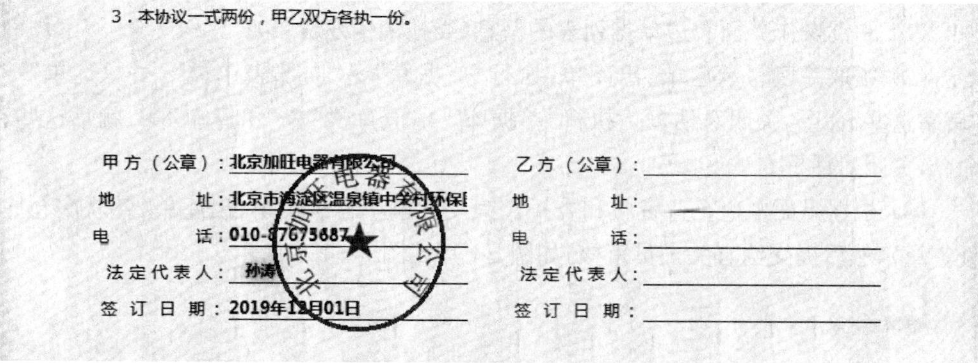

3．本协议一式两份，甲乙双方各执一份。

甲方（公章）：北京加旺电器有限公司	乙方（公章）：
地　　址：北京市海淀区温泉镇中关村环保园	地　　址：
电　　话：010-8767568	电　　话：
法定代表人：孙涛	法定代表人：
签订日期：2019年12月01日	签订日期：

图 5－148　产品代销合同

【任务 2】　填制单据。2019 年 12 月 1 日，北京加旺电器有限公司与天津海文商贸有限公司签订合同委托其代销，开出单据通知仓库发货。

【实训要求】　销售人员填制委托代销发货单。

【操作指导】

（1）阅读操作界面右边单据列表的信息（产品代销合同）。

（2）销售人员填制委托代销发货单，执行“单据库”→“销售类”→“委托代销发货单”→“就拿这些”命令，关闭对话框，根据产品代销合同填写委托代销发货单（各联次经办人处签章），然后提交相关人员审核签章，如图 5－149 所示。

【任务 3】　托运货物。2019 年 12 月 1 日，北京加旺电器有限公司发出空调给天津海文商贸有限公司委托其代销，办理托运。

【实训要求】　仓管员填写单据，交相关人员审核，登记仓库台账。

联次：**存根联**

北京加旺电器有限公司
委托代销发货单

受托单位：天津海文商贸有限公司　　　　　　　　单据编号：201912001

地址和电话：天津市滨海新区南海路58号 022-26328248　　　制单日期：2019年12月01日

编码	产品名称	规格	单位	单价	数量	金额	备注
	空调	KFR-23GW	台	2880.00	130	374400.00	不含税
	空调	KFR-26GW	台	3660.00	150	549000.00	不含税
	空调	KFR-45LW	台	5300.00	50	265000.00	不含税
合计	（人民币）大写：壹佰壹拾捌万捌仟肆佰元整				——	￥1188400.00	

总经理：孙涛　部门主管：关山　经手人：王嘉尔　会计：杨彦　签收人：

图 5-149　委托代销发货单

【操作指导】

（1）阅读操作界面右边单据列表的信息（委托代销发货单）。

（2）领取并填写承运单、出库单，执行"单据库"→"内部表单类"→"承运单"→"就拿这些"命令，关闭对话框。执行"单据库"→"仓库类"→"出库单"→"就拿这些"命令，关闭对话框。

（3）根据界面左边企业资料和委托代销发货单填写承运单、出库单（各联次仓库处签章），然后提交给有关人员审核，如图 5-150、图 5-151 所示。

联次：**存根联** 客户联 跟车联

承运单

发货单位	北京加旺电器有限公司		收货单位	天津海文商贸有限公司	
发货地址	北京市海淀区温泉镇中关村环保园12号		收货地址	天津市滨海新区南海路58号	
联系人	吴小平	联系电话 010-876756	联系人 谢段舒	联系电话	022-26328248
货物名称	空调	件数	330	重量	
全程运费：	（大写：人民币　　　）			起止日期：	
付款方式：					
承运方		联系电话		车牌号	
司机姓名		联系电话	驾驶证号		
发货方签字		承运人签字		司机签字	

图 5-150　承运单

联次：仓库联

出　　库　　单

出货单位：北京加旺电器有限公司　　2019 年 12 月 01 日　　单号：20196001

提货单位或领货部门	天津海文商贸有限公司	销售单号	201912001	发出仓库	成品仓库	出库日期	2019年12月01日

编号	名称及规格	单位	数量 应发	数量 实发	单价	金额
	空调KFR-23GW	台	130	130		
	空调KFR-26GW	台	150	150		
	空调KFR-45LW	台	50	50		
	合　计					

仓库联

部门经理：关山　　会计：温青　　仓库：王嘉尔　　经办人：蓝水山

图 5－151　出库单

(4) 领取 3 份仓库台账，根据出库单进行登记，如图 5－152 所示。

仓库台账　　分页______ 总页______

最高存量______　　编号、名称 空调

最低存量______　储备天数______　存放地点 成品仓库　计量单位 台　规格 KFR-45LW　类别 产成品

2019 年 月	日	原始单据号	摘要	对应单位/部门	期初库存	入库数	出库数	结存数	备注
11	30		承前页			***	***	295	
12	01	20196001	代销出库	天津海文商贸有限公司			50	245	

仓库台账　　分页______ 总页______

最高存量______　　编号、名称 空调

最低存量______　储备天数______　存放地点 成品仓库　计量单位 台　规格 KFR-26GW　类别 产成品

2019 年 月	日	原始单据号	摘要	对应单位/部门	期初库存	入库数	出库数	结存数	备注
11	30		承前页			***	***	150	
12	01	20196001	代销出库	天津海文商贸有限公司			150	0	

仓库台账　　分页______ 总页______

最高存量______　　编号、名称 空调

最低存量______　储备天数______　存放地点 成品仓库　计量单位 台　规格 KFR-23GW　类别 产成品

2019 年 月	日	原始单据号	摘要	对应单位/部门	期初库存	入库数	出库数	结存数	备注
11	30		承前页			***	***	130	
12	01	20196001	代销出库	天津海文商贸有限公司			130	0	

图 5－152　仓库台账

【任务 4】 填制凭证、登账。2019 年 12 月 1 日，北京加旺电器有限公司委托天津海文商贸有限公司代销商品，商品已发出，据此编制凭证并登记账簿。(记账凭证001 号)

【实训要求】 财产物资会计填写记账凭证，登记相关账簿。

【操作指导】

(1) 阅读操作界面右边单据列表的信息(销售成本计算表、出库单、委托代销发货单)。

(2) 领取并填写记账凭证,从单据库领取记账凭证,根据销售成本计算表、出库单、委托代销发货单填写记账凭证,然后交总账会计审核,如图 5－153 所示。

记 账 凭 证

2019 年 12 月 01 日　　　　记 字第 001 号

摘　要	总账科目	明细科目	借方金额(亿千百十万千百十元角分)	贷方金额(亿千百十万千百十元角分)	√
发出代销货物	发出商品	天津海文商贸有限公司-空调KFR-23GW	17734730		
	发出商品	天津海文商贸有限公司-空调KFR-26GW	30756000		
	发出商品	天津海文商贸有限公司-空调KFR-45LW	10219950		
	库存商品	产成品-空调KFR-23GW		17734730	
	库存商品	产成品-空调KFR-26GW		30756000	
	库存商品	产成品-空调KFR-45LW		10219950	
合		计	¥58710680	¥58710680	

附单据 3 张

会计主管:　　记账:　　出纳:　　复核:　　制单: 王嘉尔

图 5－153　记账凭证

(3) 领取数量金额式账簿作为登记发出商品、库存商品的明细账,从单据库领取 6 份数量金额式账簿,其中 3 份用作登记发出商品明细账,另外 3 份用作登记库存商品明细账,并在记账凭证上对应位置打钩、签章,如图 5－154～图 5－156 所示。

发出商品-海文明细账

分页　　总页

最高存量　　编号、名称 空调

最低存量　　储备天数　　存放地点 天津海文商贸　　计量单位 台　　规格 KFR-23GW　　类别 委托代销商品

2019年 月	日	凭证字号	摘要	收入 数量	收入 单价	收入 金额	付出 数量	付出 单价	付出 金额	结存 数量	结存 单价	结存 金额
11	30		承前页	240	1364.21	32741040	240	1364.21	32741040	0		000
12	01	记-001	代销发出货物	130	1364.21	17734730				130	1364.21	17734730

发出商品-海文明细账

分页　　总页

最高存量　　编号、名称 空调

最低存量　　储备天数　　存放地点 天津海文商贸　　计量单位 台　　规格 KFR-26GW　　类别 委托代销商品

2019年 月	日	凭证字号	摘要	收入 数量	收入 单价	收入 金额	付出 数量	付出 单价	付出 金额	结存 数量	结存 单价	结存 金额
11	30		承前页	245	2050.40	50234800	245	2050.40	50234800	0		000
12	01	记-001	代销发出货物	150	2050.40	30756000				150	2050.40	30756000

发出商品-海文明细账

分页　　总页

最高存量　　编号、名称 空调

最低存量　　储备天数　　存放地点 天津海文商贸　　计量单位 台　　规格 KFR-45LW　　类别 委托代销商品

2019年 月	日	凭证字号	摘要	收入 数量	收入 单价	收入 金额	付出 数量	付出 单价	付出 金额	结存 数量	结存 单价	结存 金额
11	30		承前页	246	2042.07	50234800	246	2042.07	50234800	0		000
12	01	记-001	代销发出货物	50	2043.99	10219950				50	2043.99	10219950

图 5－154　发出商品明细账

库存商品明细账

分页＿＿＿＿ 总页＿＿＿＿

最高存量＿＿＿＿ 编号、名称 空调

最低存量＿＿＿＿ 储备天数＿＿＿＿ 存放地点 成品仓库 计量单位 台 规格 KFR-23GW 类别 产成品

2019年 月	日	凭证字号	摘要	收入 数量	收入 单价	收入 金额	付出 数量	付出 单价	付出 金额	结存 数量	结存 单价	结存 金额
11	30		承前页	9630	1364.38	1313893930	9777	1364.11	1333687595	130	1364.21	17734730
12	01	记-001	发出代销货物				130	1364.21	17734730	0		000

库存商品明细账

分页＿＿＿＿ 总页＿＿＿＿

最高存量＿＿＿＿ 编号、名称 空调

最低存量＿＿＿＿ 储备天数＿＿＿＿ 存放地点 成品仓库 计量单位 台 规格 KFR-26GW 类别 产成品

2019年 月	日	凭证字号	摘要	收入 数量	收入 单价	收入 金额	付出 数量	付出 单价	付出 金额	结存 数量	结存 单价	结存 金额
11	30		承前页	3050	2049.83	625198315	3350	2050.40	686882315	150	2050.40	30756000
12	01	记-001	发出代销货物				150	2050.40	30756000	0		000

库存商品明细账

分页＿＿＿＿ 总页＿＿＿＿

最高存量＿＿＿＿ 编号、名称 空调

最低存量＿＿＿＿ 储备天数＿＿＿＿ 存放地点 成品仓库 计量单位 台 规格 KFR-45LW 类别 产成品

2019年 月	日	凭证字号	摘要	收入 数量	收入 单价	收入 金额	付出 数量	付出 单价	付出 金额	结存 数量	结存 单价	结存 金额
11	30		承前页	235	2043.99	48033765	336	2043.99	68678064	295	2043.99	60297705
12	01	记-001	发出代销货物				50	2043.99	10219950	245	2043.99	50077755

图 5－155 库存商品明细账

记 账 凭 证

记字第 001 号

2019 年 12 月 01 日

摘要	总账科目	明细科目	借方金额	贷方金额	√
发出代销货物	发出商品	天津海文商贸有限公司-空调KFR-23GV	17734730		√
	发出商品	天津海文商贸有限公司-空调KFR-26GV	30756000		√
	发出商品	天津海文商贸有限公司-空调KFR-45LW	10219950		√
	库存商品	产成品-空调KFR-23GW		17734730	√
	库存商品	产成品-空调KFR-26GW		30756000	√
	库存商品	产成品-空调KFR-45LW		10219950	√
合计			¥58710680	¥58710680	

附单据 3 张

会计主管： 记账：王嘉尔 出纳： 复核：陈冰 制单：王嘉尔

图 5－156 记账凭证

【任务 5】 **填制凭证、登账**。2019 年 12 月 4 日，北京加旺电器有限公司向北京速达运输有限公司托运货物。据此编制凭证并登记账簿。(记账凭证 010 号)增值税专用发票(发票联)作为记账附件，增值税专用发票(抵扣联)递交给税务会计装订成册。

【实训要求】 费用会计填写记账凭证，登记相关账簿。

【操作指导】

(1) 阅读操作界面右边单据列表的信息(增值税专用发票)。

（2）领取并填写记账凭证，然后提交总账会计审核，如图 5－157 所示。

记 账 凭 证

记字第 010 号

2019 年 12 月 04 日

摘要	总账科目	明细科目	借方金额	贷方金额	√
收到运费发票	销售费用	运输费	193000		
	应交税费	应交增值税-进项税额	17370		
	应付账款	北京速达运输有限公司		210370	
合计			¥210370	¥210370	

附单据 1 张

会计主管：　记账：　出纳：　复核：　制单 王嘉尔

图 5－157　记账凭证

（3）领取多栏式账簿，登记销售费用明细账，并在记账凭证对应位置签章和打钩，如图 5－158、图 5－159 所示。

正面　背面

分页：______ 总页：______

______级科目：______

______级科目：______

销售费用明细账

（借）

2019年 月	日	凭证号数	摘要	借方	贷方	借或贷	余额	职工薪酬	折旧费	运输费	业务招待费
11	30		承前页	63798270	63798270	平	000				
12	02	记-007	收到运费发票	45000		借	45000			45000	
12	04	记-010	收到运费发票	193000		借	238000			193000	

图 5－158　销售费用明细账

记 账 凭 证

记字第 010 号

2019 年 12 月 04 日

摘要	总账科目	明细科目	借方金额	贷方金额	√
收到运费发票	销售费用	运输费	193000		√
	应交税费	应交增值税-进项税额	17370		
	应付账款	北京速达运输有限公司		210370	
合计			¥210370	¥210370	

附单据 1 张

会计主管：　记账：王嘉尔　出纳：　复核：陈冰　制单 王嘉尔

图 5－159　记账凭证

【任务 6】 登账。2019 年 12 月 4 日，北京加旺电器有限公司向北京速达运输有限公司托运货物。据此登记相关账簿。

【实训要求】 往来会计登记相关账簿。

【操作指导】

(1) 阅读操作界面右边单据列表的信息(增值税专用发票、记账凭证)。

(2) 领取应付账款明细账进行登记，并在记账凭证对应位置签章和打钩，如图 5－160、图 5－161 所示。

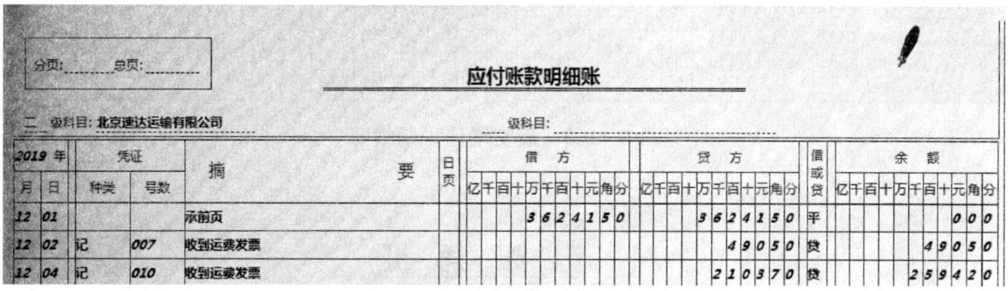

分页:＿＿＿＿ 总页:＿＿＿＿

应付账款明细账

二级科目: 北京速达运输有限公司　　级科目:

2019 年 月	日	凭证 种类	号数	摘要	日页	借方	贷方	借或贷	余额
12	01			承前页		3624150	3624150	平	000
12	02	记	007	收到运费发票			49050	贷	49050
12	04	记	010	收到运费发票			210370	贷	259420

图 5－160　应付账款明细账

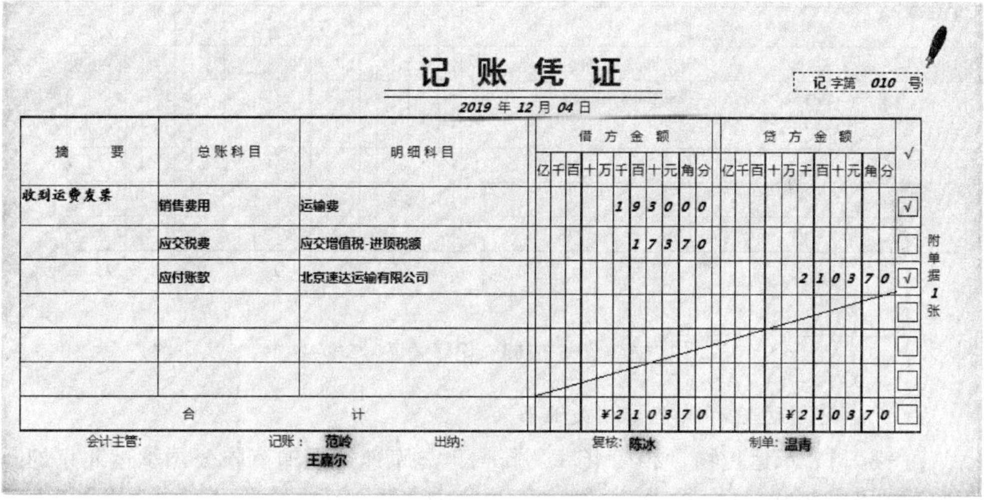

记 账 凭 证

记字第 010 号

2019 年 12 月 04 日

摘要	总账科目	明细科目	借方金额	贷方金额	√
收到运费发票	销售费用	运输费	193000		√
	应交税费	应交增值税-进项税额	17370		
	应付账款	北京速达运输有限公司		210370	√
合计			¥210370	¥210370	

附单据 1 张

会计主管:　记账: 范岭 王鼐尔　出纳:　复核: 陈冰　制单: 温青

图 5－161　记账凭证

【任务 7】 登账。2019 年 12 月 4 日，北京加旺电器有限公司向北京速达运输有限公司托运货物。据此登记相关账簿。增值税专用发票(发票联)作为记账附件，增值税专用发票(抵扣联)装订成册。

【实训要求】 税务会计登记相关账簿。

【操作指导】

(1) 阅读操作界面右边单据列表的信息(增值税专用发票、记账凭证)。

(2) 领取应交增值税明细账进行登记，并在记账凭证对应位置签章和打钩，如图

5－162、图 5－163 所示。

应交税费-应交增值税明细账

分页：33　　总页：

2019年 月	日	凭证 种类	号数	摘要	借方 合计	借方 进项税额	借方 已交税金	借方 减免税款	借方 出口抵减内销产品应纳税额	借方 转出未交增值税	贷方 合计	贷方 销项税额
12	01			承前页	316516200	234204535				82311665	316516200	316516200
12	02	记	003	收到委托加工半成品	28829	28829						
12	02	记	004	销售商品							31200	31200
12	02	记	005	购入材料	990600	990600						
12	02	记	006	退货给腾达	169000	169000						
12	02	记	007	收到运费发票	4050	4050						
12	02	记	008	销售商品							2184000	2184000
12	03	记	009	购入材料	524700	524700						
12	04	记	010	收到运费发票	17370	17370						

图 5－162　应交增值税明细账

记　账　凭　证

2019 年 12 月 04 日　　　　记字第 010 号

摘要	总账科目	明细科目	借方金额	贷方金额	√
收到运费发票	销售费用	运输费	193000		√
	应交税费	应交增值税-进项税额	17370		√
	应付账款	北京速达运输有限公司		210370	
合　　计			¥210370	¥210370	

附单据 1 张

会计主管：　　记账：范岭 王嘉尔　　出纳：　　复核：鞠冰　　制单：温青

图 5－163　记账凭证

2. 北京速达运输有限公司相关业务

【任务 1】　承运货物。2019 年 12 月 1 日，北京速达运输有限公司承运北京加旺电器有限公司货物，运费 2 123 元（含税），以转账方式支付。

【实训要求】　业务员填制单据。

【操作指导】

（1）阅读操作界面右边单据列表的信息（承运单、出库单）。

（2）填写承运单，提交客户确认，业务员根据界面左边的企业资料（往来企业信息）和“我的任务上”的运费及付款方式填写承运单（承运单上各联次承运人签字处都要签字），然后交客户确认签字，如图 5－164 所示。

承运单

发货单位	北京加旺电器有限公司			收货单位	天津海文商贸有限公司		
发货地址	北京市海淀区温泉镇中关村环保园12号			收货地址	天津市滨海新区南海路58号		
联系人	吴小平	联系电话	010-876756	联系人	谢段舒	联系电话	022-26328248
货物名称	空调	件数		330		重量	
全程运费： ￥2103.70（大写：人民币 贰仟壹佰零叁元柒角整 ）						起止日期：	
付款方式：转账支付						2019年12月01日-2019	
承运方	北京速达运输有限公司			联系电话	010-828778	车牌号	东风牌货车京
司机姓名	黎具梦	联系电话		驾驶证号			
发货方签字	吴小平			承运人签字	王嘉尔	司机签字	

图 5－164　承运单

【任务 2】　开具发票、填制凭证。 2019 年 12 月 4 日，北京速达运输有限公司向北京加旺电器有限公司提供运输服务，开具发票。据此编制记账凭证(信息化)。

【实训要求】　会计开具发票，填制记账凭证。

【操作指导】

(1) 阅读操作界面右边单据列表的信息(承运单、出库单、发货人开票资料、收货人开票资料、金税盘、增值税专用发票开票系统)。依次进行“发票申领—申领确认—领用发票—发票读入—发票填开”操作。

(2) 根据所有单据，在增值税专用发票开票系统中填写发票，在发票各联次销售方处盖上发票专用章，提交发票记账联和承运单存根，打印发票，如图 5－165 所示。

联次：记账联　抵扣联　发票联

1100198270　　**北京增值税专用发票**　　№ 87652255　　1100198270 87652255

此联不作报销、扣税凭证使用

开票日期：2019年12月04日

购买方	名称：北京加旺电器有限公司 纳税人识别号：911101016709563831 地址、电话：北京市海淀区温泉镇中关村环保园12号 010-87675687 开户行及账号：交通银行北京海淀支行 110001859765635147703				密码区	02+408-7*85-13/<5/47-5-500- 8+5+>16>**89980*-8-9+33434/ 53+411//385930-0-685999+231 54-1076-79-9*11087<2--29*5/	
货物或应税劳务、服务名称	规格型号	单位	数量	单价	金额	税率	税额
*运输服务*运费			1	1930.00	1930.00	9%	173.70
合　计					￥1930.00		￥173.70
价税合计（大写）	⊗贰仟壹佰零叁元柒角整				（小写）￥2103.70		
销售方	名称：北京速达运输有限公司 纳税人识别号：911101017162387654 地址、电话：北京市海淀区中关物流城12座28A 010-82877832 开户行及账号：交通银行北京海淀支行 110032312219657510212				备注	海淀区至滨海新区、东风牌货车京D68135、空调	

收款人：　　复核：　　开票人：王嘉尔　　销售方：（章）

税总函【XXXX】XXX号 XXXXXXX公司

第一联：记账联　销售方记账凭证

北京速达运输有限公司 911101017162387654 发票专用章

图 5－165　增值税专用发票

(3) 按下列分录填写界面左边信息化的记账凭证，如图 5－166 所示。

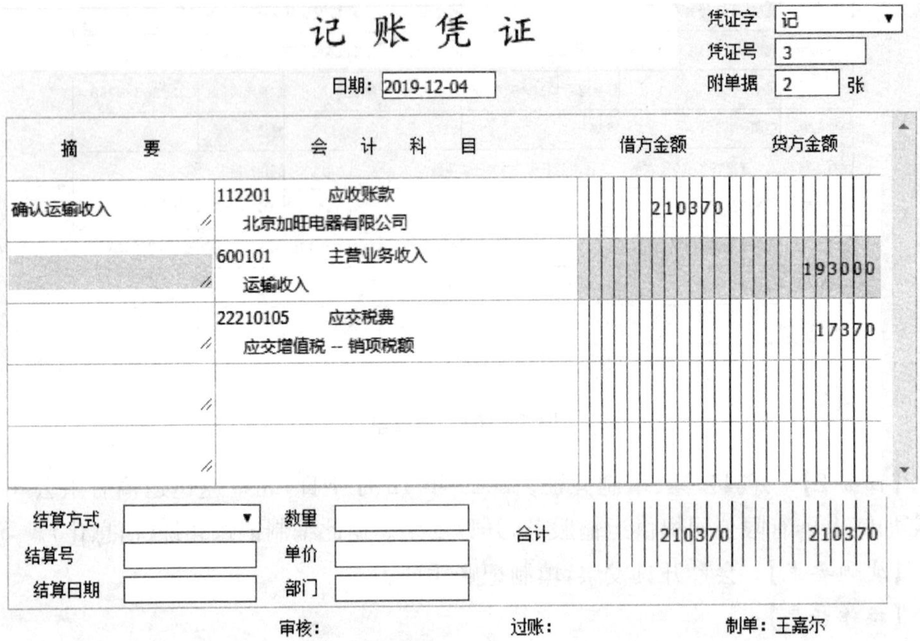

记 账 凭 证

凭证字 记

凭证号 3

附单据 2 张

日期：2019-12-04

摘要	会计科目	借方金额	贷方金额
确认运输收入	112201 应收账款 北京加旺电器有限公司	210370	
	600101 主营业务收入 运输收入		193000
	22210105 应交税费 应交增值税 -- 销项税额		17370

结算方式 数量 合计 210370 210370

结算号 单价

结算日期 部门

审核： 过账： 制单：王嘉尔

图 5－166 会计分录

3. 天津海文商贸有限公司相关业务

【任务 1】 签订合同。2019 年 12 月 1 日，北京加旺电器有限公司发出空调给天津海文商贸有限公司委托其代销，签订委托代销合同。

【实训要求】 采购员签订合同。

【操作指导】

(1) 阅读操作界面右边单据列表的信息(产品代销合同)。

(2) 采购员根据界面左边企业资料填写合同第二页乙方信息，后交总经理签章，如图 5－167 所示。

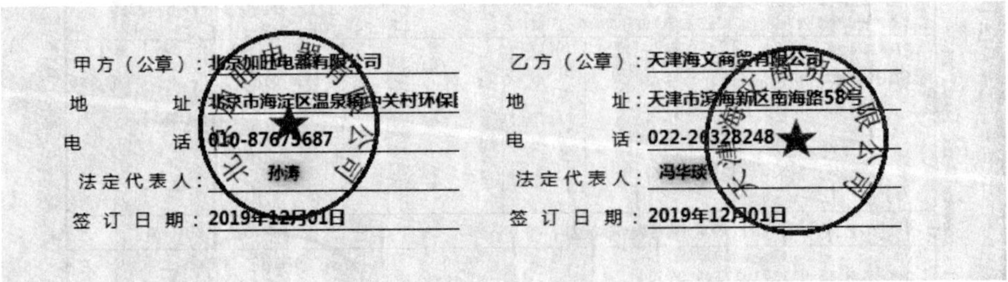

甲方（公章）：北京加旺电器有限公司

地 址：北京市海淀区温泉镇中关村环保

电 话：010-87673687

法定代表人：孙涛

签订日期：2019年12月01日

乙方（公章）：天津海文商贸有限公司

地 址：天津市滨海新区南海路58号

电 话：022-26328248

法定代表人：冯华政

签订日期：2019年12月01日

图 5－167 产品代销合同

【任务 2】 收到货物。2019 年 12 月 1 日，收到北京加旺电器有限公司发出的受托代销商品，办理验收入库。

【实训要求】 仓管员填制凭证，登记相关账簿。

【操作指导】

(1) 阅读操作界面右边单据列表的信息(委托代销发货单)。

(2) 领取入库单，根据委托代销发货单填写入库单(各联次仓库处签章)，如图 5－168所示，同时在委托代销发货单的签收人处签章，提交给有关人员审核。

联次：仓库联 存根联

入 库 单

2019 年 12 月 01 日 单号 201912001

交来单位及部门	北京加旺电器有限公司	发票号码或完工单号码		验收仓库	成品仓库	入库日期	2019年12月01日

编号	名称及规格	单位	数量		实际价格		计划价格		价格差异
			交库	实收	单价	金额	单价	金额	
	空调KFR-23GW	台	130	130					
	空调KFR-26GW	台	150	150					
	空调KFR-45LW	台	50	50					
	合 计								

仓库联

部门经理：邹谷光 会计：冯绩厚 仓库：王燕尔 经办人：金丛枫

图 5－168 入库单

(3) 登记仓库台账，领取 3 份仓库台账并登记，如图 5－169 所示。

受托代销商品台账

分页______ 总页______

最高存量______ 编号、名称 空调

最低存量______ 储备天数______ 存放地点 成品仓库 计量单位 台 规格 KFR-23GW 类别 受托代销商品

2019年 月	日	原始单据号	摘要	对应单位/部门	期初库存	入库数	出库数	结存数	备注
11	30		承前页			***	***	0	
12	01	201912001	收到受托代销商品	北京加旺电器有限公		130		130	

受托代销商品台账

分页______ 总页______

最高存量______ 编号、名称 空调

最低存量______ 储备天数______ 存放地点 成品仓库 计量单位 台 规格 KFR-26GW 类别 受托代销商品

2019年 月	日	原始单据号	摘要	对应单位/部门	期初库存	入库数	出库数	结存数	备注
11	30		承前页			***	***	0	
12	01	201912001	收到受托代销商品	北京加旺电器有限公		150		150	

受托代销商品台账

分页______ 总页______

最高存量______ 编号、名称 空调

最低存量______ 储备天数______ 存放地点 成品仓库 计量单位 台 规格 KFR-45lW 类别 受托代销商品

2019年 月	日	原始单据号	摘要	对应单位/部门	期初库存	入库数	出库数	结存数	备注
11	30		承前页			***	***	0	
12	01	201912001	收到受托代销商品	北京加旺电器有限公		50		50	

图 5－169 仓库台账

【任务3】 填制凭证,登账。2019年12月1日,收到北京加旺电器有限公司发出的受托代销商品,办理验收入库。

【实训要求】 会计填制凭证,登记相关账簿。

【操作指导】

(1)阅读操作界面右边单据列表的信息(入库单)。

(2)根据入库单,填制信息化记账凭证,如图5-170所示。

记 账 凭 证

凭证字	记	▼
凭证号	39	

日期: 2019-12-01

| | 附单据 | 2 | 张 |

摘　　　要	会　计　科　目	借方金额	贷方金额
收到受托代销商品	12030101　　受托代销商品 北京加旺电器有限公司 -- 空调KFR-23GW	37440000	
	12030102　　受托代销商品 北京加旺电器有限公司 -- 空调KFR-26GW	54900000	
	12030103　　受托代销商品 北京加旺电器有限公司 -- 空调KFR-45LW	26500000	
	214101　　代销商品款 北京加旺电器有限公司		118840000

结算方式	▼	数量		合计	118840000	118840000
结算号		单价				
结算日期		部门				

审核:　　　　　　　　过账:　　　　　　　　制单:王嘉尔

图5-170 信息化记账凭证

(3)提交记账凭证给财务经理审核,审核无误即结束任务。

5.2.5 往来业务

往来业务主要是涉及企业与供应商、客户或者个人之间发生的资金流、票据流。学生需要了解企业资金的运用、相关单据的填写,同时掌握往来账款的核算方法和账务处理。

1. 北京加旺电器有限公司支付辉达(天津)贸易有限公司货款(银行汇票)

1)北京加旺电器有限公司相关操作

【实训要求】

(1)采购员申请付款。

(2)出纳申请银行汇票。

(3)财产物资会计填制凭证、登账。

（4）费用会计登账。

（5）出纳以银行汇票支付。

（6）往来会计填制凭证、登账。

（7）财产物资会计登账。

【操作指导】

（1）**申请付款**。2019 年 12 月 5 日，申请支付辉达（天津）贸易有限公司货款。

① 阅读操作界面右边单据列表的信息。

② "单据库"领取"付款申请书"，并填写相关信息，如图 5 - 171 所示。

付款申请书
2019 年 12 月 05 日

用途及情况	金　额										收款单位(人)：**辉达（天津）贸易有限公司**
申请银行汇票支付货款	亿	千	百	十	万	千	百	十	元	角	分	账　号：**120001040018592**
			¥	1	0	0	0	0	0	0	0	开户行：**农业银行天津津滨支行**
金额（大写）合计：	人民币**壹拾万元整**							电汇：□ 信汇：□ 汇票：☑ 转账：□ 其他：□				
总经理		财务部门	经 理		业务部门	经　理					
			会 计			经 办 人	**王嘉尔**				

图 5 - 171　付款申请书

【说明】　税款 16 000 元已预付，可查询购销合同付款方式。

③ 提交相关单据，分别找采购部经理成宝凤、往来会计杨彦、财务经理王方和总经理孙涛审核单据。

（2）**申请银行汇票**。2019 年 12 月 5 日，申请银行汇票用于支付辉达（天津）贸易有限公司货款。据此登记相关账簿。

① 阅读单据列表信息。

② 在"单据库"领取"结算业务申请书（交通银行）"。

③ 在单据列表中选择并打开"结算业务申请书（交通银行）"，填写相关信息。

④ 在单据列表中选择"密码器"，并填写相关信息，如图 5 - 172 所示。

【说明】　密码器答案与系统答案不相符。

⑤ 带上单据（结算业务申请书、付款申请书和购销合同），分别找财务经理王方、总经理孙涛进行"审核单据"。

⑥ 带上单据（结算业务申请书和购销合同），去银行找对公柜台刘婷婷办理。

⑦ "单据库"领取"备查簿"及银行存款日记账，并分别填写相关信息，带上单据自行登记账簿，如图 5 - 173、图 5 - 174 所示。

交通银行
BANK OF COMMUNICATIONS

结算业务申请书
RMB SETTLEMENT APPLICATION FORM

申请日期Date 2019年Y 12月M 05日D　　AB 00231020

业务类型Type of Business: 电汇 T/T ☐　信汇 M/T ☐　汇票申请书 D/D ☑　本票申请书 P/N ☐　其他 Other ☐

申请人 Applicant	全称 Full Name	北京加旺电器有限公司	收款人 Beneficiary	全称 Full Name	辉达（天津）贸易有限公司
	账号或地址 AC NO. Address	110001859765635147703		账号或地址 AC NO. Address	120001040018592
	开户银行 A/C Bank	交通银行北京海淀支行		开户银行 A/C Bank	农业银行天津津滨支行
金额 Amount	人民币（大写） RMB in Words	壹拾万元整		亿千百十万千百十元角分	¥10000000

上列相关款项请从我账户内支付：
In Payment please Debit My Account No. ( ):

支付密码 Payment Pin NO. 6870581391087684

电汇时需选择：Please Tick Here Applicable　附加信息及用途：Message and Purpose: 支付货款

普通Regular ☐
加急Urget ☐

申请人签章
Applicant's Authorized Signature(s) and/or Stamp(s)

会计主管：　授权：　复核：　记账：

第一联 此联银行作记账凭证

A-005-3000-9-2006-深圳华华印制有限公司

图 5－172　结算业务申请书(交通银行)

第 29 页

银行存款日记账

开户行：交通银行北京海淀支行
账 号：110001859765635147703

2019年 月	日	凭证 种类	号数	摘要	借方	贷方	余额	核对
12	01			承前页	1121769241	1214782958	14769075	☐
12	01	记	002	向股东借款	50000000		64769075	☐
12	01			本日合计	50000000		64769075	☐
12	02	记	004	销售商品	271200		65040275	☐
12	02			本日合计	271200		65040275	☐
12	05	记	013	缴纳印花税		307662	64732613	☐
12	05	记	014	缴纳增值税		1095950	63636663	☐
12	05	记	015	缴纳个人所得税		248986	63387677	☐
12	05	记	016	缴纳税费		131515	63256162	☐
12	05			开具银行汇票		10000000	53256162	☐

图 5－173　银行存款日记账

银行汇票备查簿

出票人	承兑号码	汇票签发日	汇票到期日	票面金额	收款人\被背书人	贴现金额	备注
北京加旺电器有限公司	23001448	2019-10-30		¥120000.00	北京红星贸易有限公司		2019-11-15支付货款
北京加旺电器有限公司	23081288	2019-12-05		¥100000.00	辉达（天津）贸易有限公司		

图 5－174　银行汇票备查簿

(3) **填制凭证、登账**。2019 年 12 月 5 日，出纳交来申请银行汇票的单据。据此编制记账凭证并登记相关账簿。(记账凭证 017 号)

① 阅读单据列表信息。

② “单据库”领取通用记账凭证并填制，如图 5 - 175 所示。

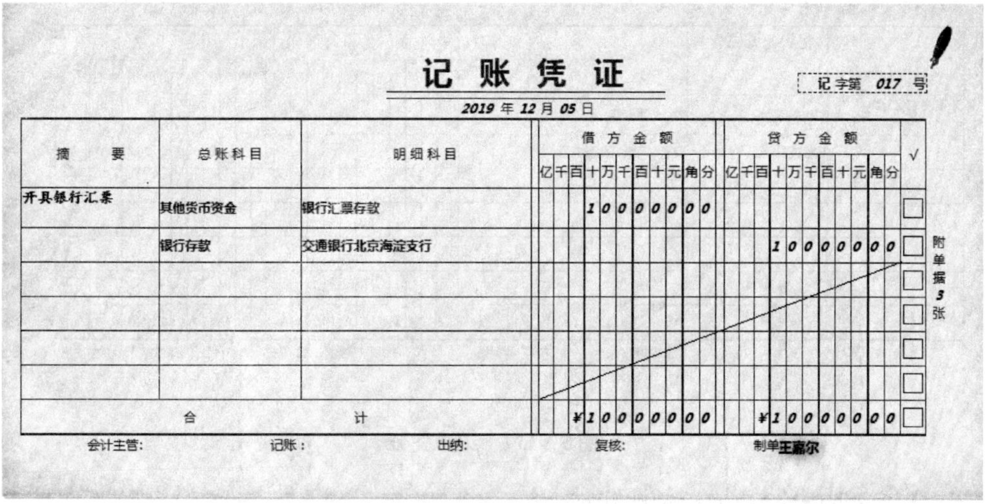

记 账 凭 证

2019 年 12 月 05 日　　记字第 017 号

摘要	总账科目	明细科目	借方金额	贷方金额	√
开具银行汇票	其他货币资金	银行汇票存款	100000000		
	银行存款	交通银行北京海淀支行		100000000	
合计			¥100000000	¥100000000	

附单据 3 张

会计主管：　记账：　出纳：　复核：　制单 王嘉尔

图 5 - 175　记账凭证

③ 带上全部单据，找总账会计陈冰审核，找出纳李立登记账簿。

④ “单据库”领取三栏式账簿 1 张，参考会计凭证相关信息登记其他货币资金明细账，如图 5 - 176 所示。

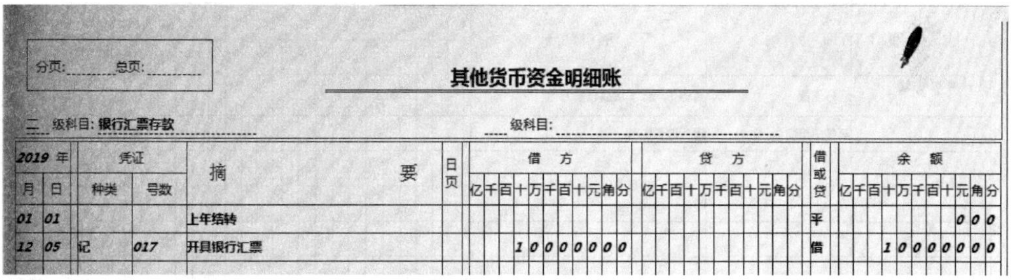

分页：　总页：

其他货币资金明细账

二级科目：银行汇票存款　　级科目：

2019 年 月	日	凭证 种类	号数	摘要	日页	借方	贷方	借或贷	余额
01	01			上年结转				平	000
12	05	记	017	开具银行汇票		100000000		借	100000000

图 5 - 176　其他货币资金明细账

⑤ 在操作界面右边单据列表中选择“记账凭证”，登记其他货币资金对应的记账标记，并在其记账栏签章，如图 5 - 177 所示。

(4) **银行汇票支付**。2019 年 12 月 5 日，用银行汇票支付辉达（天津）贸易有限公司货款。据此登记相关账簿。

点击下方“登记备查簿”，结束业务。

(5) **填制凭证、登账**。2019 年 12 月 5 日，用银行汇票支付辉达（天津）贸易有限公司货款。据此编制记账凭证并登记相关账簿。（记账凭证 018 号）

① 阅读单据列表信息。

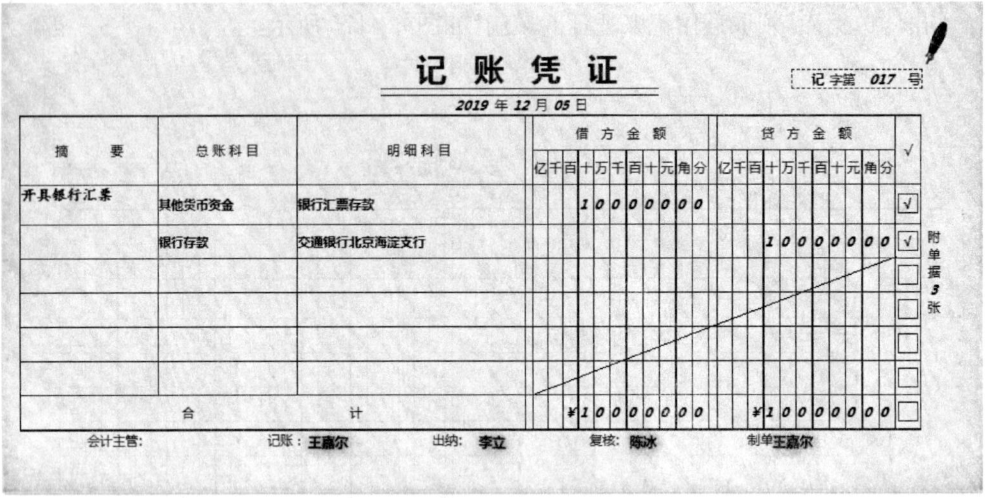

记账凭证

记字第 017 号

2019 年 12 月 05 日

摘要	总账科目	明细科目	借方金额	贷方金额	√
开具银行汇票	其他货币资金	银行汇票存款	10000000		√
	银行存款	交通银行北京海淀支行		10000000	√
合计			¥10000000	¥10000000	

附单据 3 张

会计主管: 记账:王嘉尔 出纳:李立 复核:陈冰 制单:王嘉尔

图 5－177 记账凭证

② “单据库”领取通用记账凭证。

③ 点击操作界面右边新增的“记账凭证”进行填写，找总账会计陈冰审核，如图 5－178 所示。

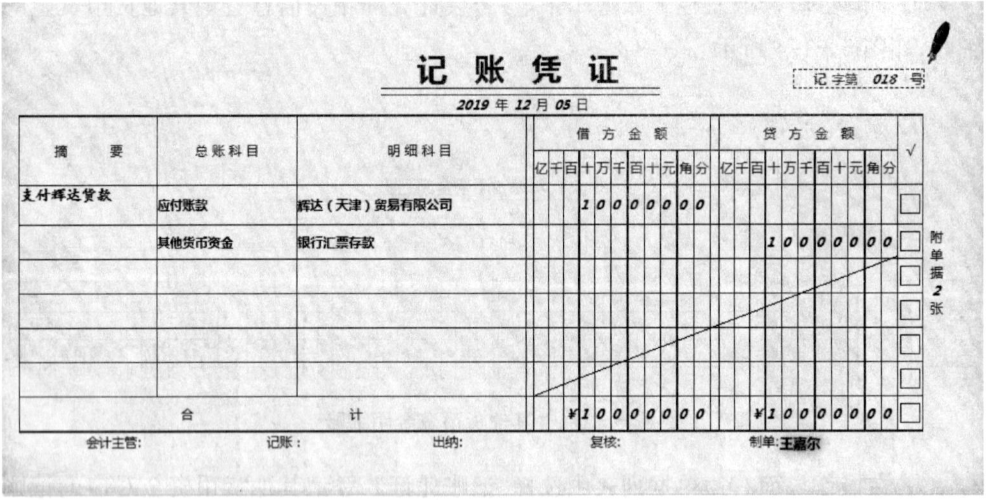

记账凭证

记字第 018 号

2019 年 12 月 05 日

摘要	总账科目	明细科目	借方金额	贷方金额	√
支付辉达货款	应付账款	辉达（天津）贸易有限公司	10000000		
	其他货币资金	银行汇票存款		10000000	
合计			¥10000000	¥10000000	

附单据 2 张

会计主管: 记账: 出纳: 复核: 制单:王嘉尔

图 5－178 记账凭证

④ 往来会计提交单据，到“单据库”领取“三栏式账簿”，并参考会计凭证相关信息登记账簿。

⑤ 在操作界面右边单据列表中选择“记账凭证”，登记应付账款对应的记账标记，并在其记账栏签章。

(6) **登账**。2019 年 12 月 5 日，以银行汇票支付辉达(天津)贸易有限公司货款。

据此登记相关账簿。

① 阅读单据列表信息。

② "单据库"领取三栏式账簿 1 张。

③ 在操作界面右边单据列表中选择"其他货币资金明细账",并参考会计凭证相关信息登记账簿。

④ 在操作界面右边单据列表中选择"记账凭证",登记其他货币资金对应的记账标记,并在其记账栏签章。

2)辉达(天津)贸易有限公司相关操作

【实训要求】

(1)出纳取得银行汇票;

(2)主办会计填制凭证。

【操作指导】

(1)**取得银行汇票**。2019 年 12 月 5 日,收到北京加旺电器有限公司银行汇票用以抵货款。据此登记备查簿。

① 阅读单据列表信息。

② 在操作界面右边单据列表中选择"银行汇票备查簿"并登记,如图 5-179所示。

银行汇票备查簿

出票人	承兑号码	汇票签发日	汇票到期日	票面金额	收款人\被背书人	贴现金额	备注
北京佳尚贸易有限公司	22081461	2019-11-25		¥50000.00	辉达(天津)贸易有限公司	¥50000.00	2019-11-30收到货款
北京加旺电器有限公司	23081288	2019-12-05		¥100000.00	辉达(天津)贸易有限公司		2019-12-05收到货款

图 5-179 银行汇票备查簿

(2)**填制凭证**。2019 年 12 月 5 日,收到北京加旺电器有限公司银行汇票用以抵货款。据此编制记账凭证并登记相关账簿。(记账凭证 003 号)

① 阅读单据列表信息。

② "单据库"领取通用记账凭证。

③ 点击打开操作界面右边新增的"记账凭证",进行填写,找会计主管丁遍发审核,如图 5-180 所示。

④ 在操作界面右边单据列表中选择"三栏式明细账"2 张,并参考会计凭证相关信息分别登记账簿。

⑤ 在操作界面右边单据列表中选择"记账凭证",登记应收账款及其他货币资金对应的记账标记,并在其记账栏签章。

记账凭证

记字第 003 号

2019 年 12 月 05 日

摘要	总账科目	明细科目	借方金额 亿	千	百	十	万	千	百	十	元	角	分	贷方金额 亿	千	百	十	万	千	百	十	元	角	分	√
收到银行汇票	其他货币资金	银行汇票存款				1	0	0	0	0	0	0	0												
	应收账款	北京加旺电器有限公司															1	0	0	0	0	0	0	0	
合		计			¥	1	0	0	0	0	0	0	0			¥	1	0	0	0	0	0	0	0	

附单据 1 张

会计主管： 记账： 出纳： 复核： 制单：王嘉尔

图 5－180 记账凭证

2. 北京加旺电器有限公司支付北京成海喷塑加工有限公司加工费

1）北京加旺电器有限公司有关操作

【实训要求】

（1）采购员申请付款。

（2）出纳付款、登账。

（3）往来会计填制凭证、登账。

【操作指导】

（1）**申请付款**。2019 年 12 月 5 日，申请支付北京成海喷塑加工有限公司加工费，以转账方式支付。

① 阅读单据列表信息。

② “单据库”领取“付款申请书”，并填写相关信息，如图 5－181 所示。

付款申请书

2019年12月05日

用途及情况	金额 亿	千	百	十	万	千	百	十	元	角	分	收款单位(人)：北京成海喷塑加工有限公司
支付加工费												账号：110010104001305864392
			¥	1	0	0	0	0	0	0	0	开户行：交通银行北京海淀支行
金额（大写）合计：	人民币壹拾万元整											电汇：☐ 信汇：☐ 汇票：☐ 转账：☑ 其他：☐
总经理		财务部门	经理			业务部门	经理					
			会计				经办人	王嘉尔				

图 5－181 付款申请书

③ 提交相关单据，分别找采购部经理成宝凤、往来会计杨彦、财务经理王方和总经理孙涛审核单据。

(2) **付款、登账**。2019 年 12 月 5 日，签发转账支票支付北京成海喷塑加工有限公司加工费，并登记账簿。

① “单据库”领取“转账支票”“进账单”和“支票登记簿”，填写相关信息，如图 5 - 182 ～图 5 - 184 所示。

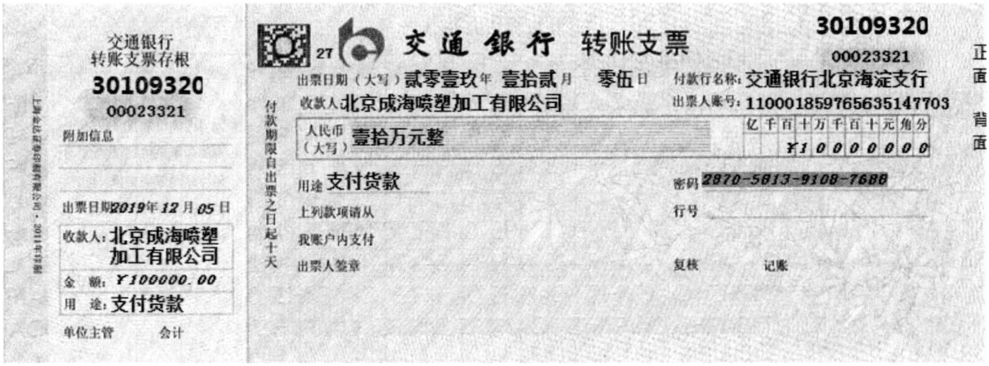

交通银行
转账支票存根
30109320
00023321
附加信息
出票日期 2019年 12 月 05 日
收款人：北京成海喷塑加工有限公司
金　额：￥100000.00
用　途：支付货款
单位主管　会计

交通银行　转账支票　30109320　00023321
出票日期（大写）贰零壹玖年 壹拾贰月 零伍日　付款行名称：交通银行北京海淀支行
收款人：北京成海喷塑加工有限公司　出票人账号：110001859765635147703
人民币（大写）壹拾万元整　￥10000000
付款期限自出票之日起十天
用途 支付货款　密码 2870-5813-9108-7688
上列款项请从　行号
我账户内支付
出票人签章　复核　记账

图 5 - 182　转账支票

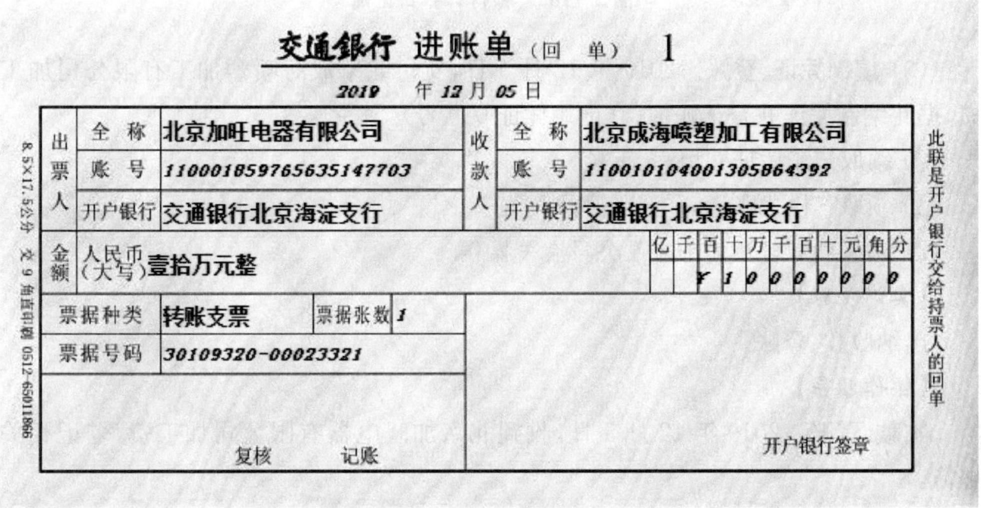

交通银行　进账单（回　单）　1
2019 年 12 月 05 日

出票人	全　称	北京加旺电器有限公司	收款人	全　称	北京成海喷塑加工有限公司
	账　号	110001859765635147703		账　号	110010104001305864392
	开户银行	交通银行北京海淀支行		开户银行	交通银行北京海淀支行
金额	人民币（大写）壹拾万元整				￥10000000
票据种类	转账支票	票据张数 1			
票据号码	30109320-00023321				
复核　记账			开户银行签章		

此联是开户银行交给持票人的回单

图 5 - 183　进账单

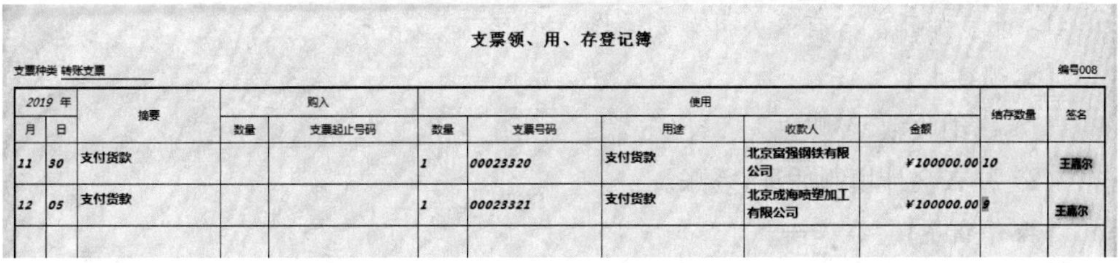

支票领、用、存登记簿

支票种类 转账支票　编号008

2019 年 月	日	摘要	购入 数量	支票起止号码	使用 数量	支票号码	用途	收款人	金额	结存数量	签名
11	30	支付货款			1	00023320	支付货款	北京富强钢铁有限公司	￥100000.00	10	王鼎尔
12	05	支付货款			1	00023321	支付货款	北京成海喷塑加工有限公司	￥100000.00	9	王鼎尔

图 5 - 184　支票登记簿

② 带上全部单据，找财务经理王方、总经理孙涛审核。

③ 点击"银行办理"，带上单据（转账支票正联、进账单），找银行对公柜员刘婷婷办理业务。

④ "单据库"领取"银行存款日记账"，填写相关信息，如图 5-185 所示。

2015年		凭证		摘要	借方	贷方	余额	核对
月	日	种类	号数		亿千百十万千百十元角分	亿千百十万千百十元角分	亿千百十万千百十元角分	
12	01			承前页	1 1 2 1 7 6 9 2 4 1	1 2 1 4 7 8 2 9 5 8	1 4 7 6 9 0 7 5	☐
12	01	记	002	向股东借款	5 0 0 0 0 0 0 0		6 4 7 6 9 0 7 5	☐
12	01			本日合计	5 0 0 0 0 0 0 0		6 4 7 6 9 0 7 5	☐
12	02	记	004	销售商品	2 7 1 2 0 0		6 5 0 4 0 2 7 5	☐
12	02			本日合计	2 7 1 2 0 0		6 5 0 4 0 2 7 5	☐
12	05	记	013	缴纳印花税		3 0 7 6 6 2	6 4 7 3 2 6 1 3	☐
12	05	记	014	缴纳增值税		1 0 9 5 9 5 0	6 3 6 3 6 6 6 3	☐
12	05	记	015	缴纳个人所得税		2 4 8 9 8 6	6 3 3 8 7 6 7 7	☐
12	05	记	016	缴纳税费		1 3 1 5 1 5	6 3 2 5 6 1 6 2	☐
12	05	记	017	开具银行汇票		1 0 0 0 0 0 0 0	5 3 2 5 6 1 6 2	☐
12	05			支付成海货款		1 0 0 0 0 0 0 0	4 3 2 5 6 1 6 2	☐

开户行：交通银行北京海淀支行
账号：11000185976563 5147703

图 5-185　银行存款日记账

（3）**填制凭证、登账**。2019 年 12 月 5 日，支付北京成海喷塑加工有限公司加工费，据此编制凭证并登记账簿。（记账凭证 019 号）

① 领取记账凭证并填写、审核。

② 领取三栏式账簿，登记账簿。

2）北京成海喷塑加工有限公司有关操作

【实训步骤】

出纳收款、登账。

【操作指导】

收款、登账。2019 年 12 月 5 日，收到北京加旺电器有限公司加工费，登记相关账簿。

"单据库"领取"银行存款日记账"，登记账簿。

3. 北京加旺电器有限公司收到北京思宁电器有限公司货款

1）北京加旺电器有限公司有关操作

【实训要求】

（1）出纳收款、登账。

（2）往来会计填制凭证、登账。

【操作指导】

（1）**收款、登账**。2019 年 12 月 7 日，收到北京思宁电器有限公司货款，据此登记相关账簿。

“单据库”领取“银行存款日记账”，登记账簿。

（2）**填制凭证、登账**。2018 年 12 月 7 日，收到北京思宁电器有限公司货款，据此编制记账凭证并登记相关账簿。（记账凭证 022 号）

① 阅读单据列表信息。

② “单据库”领取并填制、审核通用记账凭证。

③ “单据库”领取“三栏式账簿”，登记账簿。

④ 在单据列表中选择“记账凭证”，登记记账凭证的记账标记，并在其记账栏签章，同时领取应付账款明细账。

2）北京思宁电器有限公司有关操作

【实训要求】

（1）采购员申请付款。

（2）出纳付款、登账。

（3）会计填制凭证。

【操作指导】

（1）**申请付款**。2019 年 12 月 7 日，申请支付北京加旺电器有限公司货款。

① 阅读单据列表信息。

② “单据库”领取“付款申请书”，并填写相关信息，如图 5－186 所示。

付款申请书

2019年12月07日

<table>
<tr><td>用途及情况</td><td colspan="11">金额</td><td colspan="3">收款单位(人):北京加旺电器有限公司</td></tr>
<tr><td rowspan="2">支付货款</td><td>亿</td><td>千</td><td>百</td><td>十</td><td>万</td><td>千</td><td>百</td><td>十</td><td>元</td><td>角</td><td>分</td><td colspan="3">账 号: 110001859765635147703</td></tr>
<tr><td></td><td>¥</td><td>3</td><td>0</td><td>0</td><td>0</td><td>0</td><td>0</td><td>0</td><td>0</td><td>0</td><td colspan="3">开户行：交通银行北京海淀支行</td></tr>
<tr><td>金额（大写）合计：</td><td colspan="11">人民币叁佰万元整</td><td colspan="3">电汇:□ 信汇:□ 汇票:□ 转账:☑ 其他:□</td></tr>
<tr><td rowspan="2">总经理</td><td colspan="3" rowspan="2"></td><td colspan="3" rowspan="2">财务部门</td><td colspan="2">经 理</td><td colspan="3"></td><td rowspan="2">业务部门</td><td>经 理</td><td></td></tr>
<tr><td colspan="2">会 计</td><td colspan="3"></td><td>经 办 人</td><td>王嘉尔</td></tr>
</table>

图 5－186 付款申请书

③ 提交相关单据，分别找采购部经理杜会、会计夏姐凤、会计主管张得力和总经理韩政聪审核单据。

（2）**付款、登账**。2019 年 12 月 7 日，签发转账支票支付北京加旺电器有限公司货款。据此登记相关账簿。

① “单据库”领取“转账支票”“进账单”和“支票登记簿”，并填写相关信息。

② 带上全部单据，找会计主管张得力、总经理韩政聪审核。

③ 带上单据(转账支票正联、进账单),找银行对公柜员刘婷婷办理业务。

④ "单据库"领取"银行存款日记账",填写相关信息。

(3) **填制凭证**。2019 年 12 月 7 日,转账支付北京加旺电器有限公司货款。据此编制记账凭证(信息化)。

① 进入操作界面左侧信息化系统填制凭证,如图 5 - 187 所示。

记 账 凭 证

日期: 2019-12-07

凭证字 记
凭证号 7
附单据 3 张

摘 要	会 计 科 目	借方金额	贷方金额
转账支付货款	220202　应付账款 北京加旺电器有限公司	300000000	
	100201　银行存款 交通银行北京海淀支行		300000000

结算方式	▼	数量		合计	300000000	300000000
结算号		单价				
结算日期		部门				

审核:　　　　　　过账:　　　　　　制单:王嘉尔

图 5 - 187　信息化记账凭证

② 带上全部单据,找会计主管张得力审核凭证,找出纳韩必前登记账簿。

5.2.6　涉税业务

税务实操主要是税费的申报、缴纳、发票业务以及各项税费的账务处理方法等。包含以下知识点:发票的领购、开具、作废;发生退货、折让时发票的处理;增值税、营业税等税费的计提、结转、申报、缴交;营改增企业的涉税处理等。

通过涉税业务实训,学生能够对所学专业产生浓厚的兴趣,全面了解税务会计岗位的基本职责、业务流程,熟悉一般工商企业涉及的税种及各税种纳税义务发生时间、纳税期限,掌握各税种税额的计算、纳税申报、税款缴纳和账务处理的业务操作。

【**任务 1**】　2019 年 12 月 1 日,北京加旺电器有限公司申报增值税、印花税、地方税费。(11 月份已缴纳 10 月份增值税 12 133.55 元)

【实训要求】

(1) 税务会计增值税抄、报税。

(2) 税务会计申报城建税、教育费附加、地方教育附加税(费)。

(3) 税务会计申报印花税。

(4) 税务会计申报个人所得税。

【操作指导】

(1) **税务会计增值税抄、报税。**

① 阅读单据列表信息。

② 进入"税控系统",在"请选择要抄税的票种"界面选择要抄税的票种,如图 5－188 所示,点击"确定"按钮。

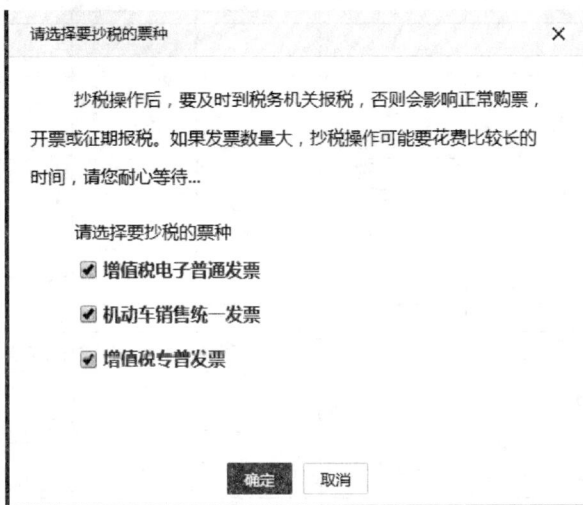

图 5－188　"请选择要抄税的票种"界面

③ 认证查询,进入"认证系统"查看。

④ 税务会计提交单据(专用发票汇总表、专用增值税发票正数发票清单、普通发票汇总表),进入"填表申报"任务,点击"报税系统"。打开"按期应申报—填写申报表"。

⑤ 根据操作界面单据列表相关信息,填制报表,如图 5－189～图 5－191 所示。

增值税纳税申报表(适用于增值税一般纳税人)

纳税人识别号:91110101670956383l　　　纳税人名称:北京加旺电器有限公司
所属时期:2019-11-01　至2019-11-30　　填表日期:2019-12-01　　金额单位:元至角分

项目		栏次	一般项目		即征即退项目	
			本 月 数	本 年 累 计	本 月 数	本 年 累 计
销售额	(一)按适用税率计税销售额	1	6627400.00	24347400.00	0.00	0.00
	其中:应税货物销售额	2	6627400.00	24347400.00	0.00	0.00
	应税劳务销售额	3		0.00		0.00
	纳税检查调整的销售额	4	0.00	0.00	0.00	0.00
	(二)按简易办法计税销售额	5	0.00	0.00	0.00	0.00
	其中:纳税检查调整的销售额	6		0.00		0.00
	(三)免、抵、退办法出口销售额	7	0.00	0.00	——	——
	(四)免税销售额	8	0.00	0.00	——	——
	其中:免税货物销售额	9		0.00	——	——
	免税劳务销售额	10		0.00	——	——
税款计算	销项税额	11	861562.00	3165162.00	0.00	0.00
	进项税额	12	850602.50	2342045.35		0.00
	上期留抵税额	13	0.00			0.00
	进项税额转出	14	0.00	0.00		0.00
	免、抵、退应退税额	15	0.00	0.00		0.00
	按适用税率计算的纳税检查应补缴税额	16	0.00	0.00		0.00
	应抵扣税额合计	17=12+13-14-15+16	850602.50	——	0.00	——
	实际抵扣税额	18(如17<11,则为17,否则为11)	850602.50	0.00	0.00	0.00
	应纳税额	19=11-18	10959.50	823116.65	0.00	
	期末留抵税额	20=17-18	0.00		0.00	
	简易计税办法计算的应纳税额	21	0.00	0.00	0.00	
	按简易计税办法计算的纳税检查应补缴税额	22		0.00	——	——
	应纳税额减征额	23		0.00		0.00
	应纳税额合计	24=19+21-23	10959.50	823116.65	0.00	0.00
税款缴纳	期初未缴税额(多缴为负数)	25	12133.55		0.00	
	实收出口开具专用缴款书退税额	26		0.00		0.00
	本期已缴税额	27=28+29+30+31	12133.55	812157.15	0.00	0.00
	①分次预缴税额	28	0.00		——	——
	②出口开具专用缴款书预缴税额	29	0.00		——	——
	③本期缴纳上期应纳税额	30	12133.55	812157.15		0.00
	④本期缴纳欠缴税额	31	0.00	0.00		0.00
	期末未缴税额(多缴为负数)	32=24+25+26-27	10959.50	10959.50	0.00	0.00
	其中:欠缴税额(≥0)	33=25+26-27	0.00	——	0.00	——
	本期应补(退)税额	34=24-28-29	10959.50	——	0.00	——
	即征即退实际退税额	35	——	——	0.00	0.00
	期初未缴查补税额	36		0.00	——	——
	本期入库查补税额	37		0.00	——	——
	期末未缴查补税额	38=16+22+36-37	0.00	0.00	——	——

图 5-189　增值税纳税申报表(适用于增值税一般纳税人)

增值税纳税申报表附列资料(一)
(本期销售情况明细)

纳税人识别号:91110101670956383l　　　纳税人名称:北京加旺电器有限公司
所属时期:2019-11-01　至2019-11-30　　填表日期:2019-12-01

项目及栏次			开具增值税专用发票		开具其他发票		未开具发票		纳税检查调整		合计	
			销售额	销项(应纳)税额	销售额	销项(应纳)税额	销售额	销项(应纳)税额	销售额	销项(应纳)税额	销售额	销项税额
			1	2	3	4	5	6	7	8	9=1+3+5+7	10=2+4
一、一般计税方法计税	全部征税项目	13%税率的货物及加工修理修配劳务	1	6627400	861562.00		0.00		0.00		0.00	6627400	
		13%税率的服务、不动产和无形资产	2		0.00		0.00		0.00		0.00	0.00	
		9%税率的货物及加工修理修配劳务	3		0.00		0.00		0.00		0.00	0.00	
		9%税率的服务、不动产和无形资产	4		0.00		0.00		0.00		0.00	0.00	
		6%税率	5		0.00		0.00		0.00		0.00	0.00	
	其中:即征即退项目	即征即退货物及加工修理修配劳务	6	——	——	——	——	——	——	——	——		
		即征即退服务、不动产和无形资产	7	——	——	——	——	——	——	——	——		

图 5-190　增值税纳税申报表附列资料(一)

增值税纳税申报表附列资料（二）
(本期进项税额明细)

纳税人识别号：91110101670956**3831**
所属时期：*2019-11-01*　　至2019-11-30　　　纳税人名称：*北京加联电器有限公司*
填表日期：*2019-12-01*　　　　　　　　　　　　金额单位：元至角分

一、申报抵扣的进项税额				
项目	栏次	份数	金额	税额
（一）认证相符的增值税专用发票	1＝2+3	18	6587530.00	850602.50
其中：本期认证相符且本期申报抵扣	2	18	6587530.00	850602.50
前期认证相符且本期申报抵扣	3			
（二）其他扣税凭证	4＝5+6+7+8	0	0.00	0.00
其中：海关进口增值税专用缴款书	5			
农产品收购发票或者销售发票	6			

图 5‑191　增值税纳税申报表附列资料(二)

【注意】

栏次 35 应查看认证结果通知书填写。

（2）**税务会计申报城建税、教育费附加、地方教育附加税(费)。**

① 阅读单据列表信息。

② 在"报税系统"打开"按期应申报—填写申报表"，根据地方税收纳税计算表，填报城建税、教育费附加、地方教育附加税（费）申报表的相关信息，并保存，如图 5‑192 所示。

城建税、教育费附加、地方教育附加税（费）申报表

纳税人识别号：91110101670956383
所属时期：2019-11-01　　至2019-11-30　　　　纳税人名称：*北京加联电器有限公司*
　　　　　　　　　　　　　　　　　　　　填表日期：*2019-12-01*　　　金额单位：元至角分

图 5‑192　城建税、教育费附加、地方教育附加税（费）申报表

（3）**税务会计申报印花税。**

① 阅读单据列表信息。

② 依次选择"报税系统—按期应申报—其他申报—填写申报表"，打开"印花税纳税申报(报告)表"，根据地方税收纳税计算表，填印花税纳税申报(报告)表的相关信息，如图 5‑193 所示。

印花税纳税申报（报告）表

纳税人识别号：91110101670956383
所属时期：2019-11-01　　至2019-11-30　　　　纳税人名称：*北京加联电器有限公司*
　　　　　　　　　　　　　　　　　　　　填表日期：*2019-12-01*　　　金额单位：元至角分

图 5‑193　印花税纳税申报(报告)表

(4) 税务会计申报个人所得税。

① 阅读单据列表信息。

② 进入个税系统,进行"人员信息采集—报送—导出(数据)—保存"操作。

③ 进行"综合所得申报—正常工资薪金所得(填写)—取消—模板下载—填写模板(见图5-194、图5-195)—填写正常工资薪金所得—申报表报送(发送申报)"操作。

工号	姓名	*证照类型	*证照号码	*本期收入	本期免税收入	基本养老保险费	基本医疗保险费	失业保险费	住房公积金
BD-001	孙涛	居民身份证	110102197601180966	9200.80		384.00	96.00	9.60	272.80
BD-002	王方	居民身份证	110102197809152339	7200.80		384.00	96.00	9.60	272.80
BD-003	关山	居民身份证	110102197802260332	8500.80		384.00	96.00	9.60	272.80
BD-005	孟邦金	居民身份证	110116197506229412	5000.80		384.00	96.00	9.60	272.80
BD-006	汪聪珂	居民身份证	110112198501262761	6100.80		384.00	96.00	9.60	272.80

图 5-194　人员信息表

	工号	姓名	证照类型	证照号码	所得项目	所得期间起	所得期间止	本期收入	本期免税收入
	BD-001	孙涛	居民身份证	110102197601180966	正常工资薪金	2019-11-01	2019-11-30	9200.8	0
	BD-002	王方	居民身份证	110102197809152339	正常工资薪金	2019-11-01	2019-11-30	7200.8	0
	BD-003	关山	居民身份证	110102197802260332	正常工资薪金	2019-11-01	2019-11-30	8500.8	0
	BD-005	孟邦金	居民身份证	110116197506229412	正常工资薪金	2019-11-01	2019-11-30	5000.8	0
	BD-006	汪聪珂	居民身份证	110112198501262761	正常工资薪金	2019-11-01	2019-11-30	6100.8	0

图 5-195　代扣代缴个人所得税导入表

【任务2】　2019年12月28日,北京加旺电器有限公司到国税局认证部分增值税进项发票。

【实训要求】　税务会计认证发票。

【操作指导】

(1) 阅读单据列表信息。

(2) 税务会计整理发票,提交相关票据,找国税局司徒空认证发票。

【任务3】　2019年12月31日,北京加旺电器有限公司结转未交增值税。

【实训要求】　税务会计结转未交增值税。

【操作指导】

(1) 阅读单据列表信息。

(2) 在单据列表中选择"增值税计算表",根据相关资料,填制增值税计算表,并签字,如图5-196所示。

(3) 提交相关单据,找总账会计陈冰"审核单据"。

(4) 税务会计提交相关单据,在"单据库"领取"通用记账凭证",并填制凭证,如图5-197所示。

增值税计算表

2019年12月

单位：元

项目	金额
本月销项税额	633032.4
本月进项税额	359469.21
上月留抵税额	0.00
本月进项税额转出	1690.00
本月应纳税额	275253.19
月末留抵税额	0.00

审核：　　　　制表：王嘉尔

图 5－196　增值税计算表

记 账 凭 证

2019 年 12 月 31 日　　　记字第 089 号

摘要	总账科目	明细科目	借方金额	贷方金额	√
结转本月未交增值税	应交税费	应交增值税-转出未交增值税	27525319		
	应交税费	未交增值税		27525319	
合计			￥27525319	￥27525319	

附单据 1 张

会计主管：　记账：　出纳：　复核：　制单：王嘉尔

图 5－197　记账凭证

（5）提交相关单据，找总账会计陈冰审核凭证。

（6）税务会计提交相关单据，在“单据库”领取“三栏式”1 张、“应交增值税明细账”2 张，登记账簿，如图 5－198、图 5－199 所示。

【注意】

在本次登账过程中，需要做“过次页与承前页”。

分页：　总页：

应交税费明细账

二级科目：未交增值税　　　级科目：

2019 年 月	日	凭证 种类	号数	摘要	日页	借方	贷方	借或贷	余额
12	01			承前页		75479750	82311665	贷	1095950
12	05	记	014	缴纳增值税		1095950		平	000
12	31	记	089	结转本月未交增值税			27525319	贷	27525319

图 5－198　未交增值税明细账

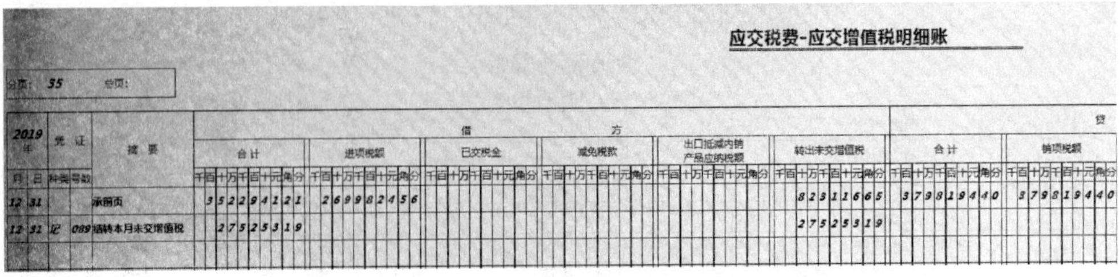

应交税费-应交增值税明细账

分页：35　总页：

2019年 月	日	凭证 种类	号数	摘要	借方 合计	借方 进项税额	借方 已交税金	借方 减免税款	借方 出口抵减内销产品应纳税额	借方 转出未交增值税	贷方 合计	贷方 销项税额
12	31			承前页	352294121	269982456				82311665	379819440	379819440
12	31	记	089	结转本月未交增值税	27525319					27525319		

图 5-199　应交增值税明细账

【任务5】 2019年12月31日，北京加旺电器有限公司计提本月城市维护建设税、教育费附加及地方教育附加税(费)、企业所得税。

【实训要求】

(1) 税务会计计提城建税、教育费附加、地方教育附加税(费)；

(2) 税务会计计提所得税；

(3) 费用会计登账。

【操作指导】

(1) **税务会计计提城建税、教育费附加、地方教育附加税(费)**。

① 阅读单据列表信息。

② 根据“增值税计算表”填制“地方税计算表”，并签章。

③ 提交相关单据，找总账会计陈冰审核。

④ 税务会计提交相关单据，“单据库”领取“通用记账凭证”，并填制凭证。

⑤ 提交相关单据，找总账会计陈冰审核凭证。

⑥ 税务会计提交相关单据，“单据库”领取“三栏式”4张，登记账簿。

(2) **税务会计计提所得税**。

① 阅读单据列表信息。

② 根据“本年利润明细账”填制“所得税计算表”，并签章。

③ 提交相关单据，找总账会计陈冰审核单据。

④ 税务会计提交相关单据，“单据库”领取“通用记账凭证”，并填制凭证。

⑤ 提交相关单据，找总账会计陈冰审核凭证。

⑥ 税务会计提交相关单据，“单据库”领取“三栏式”，并登记账簿。

(3) **费用会计登账**。

① 阅读单据列表信息。

② “单据库”领取“所得税明细账”，根据记账凭证登记账簿。

5.2.7 成本核算

采购成本核算及控制能力是会计实务工作的重点和难点，系统通过模拟采购成本核算和成本控制业务，让学生身临其境地体验采购成本核算工作，了解如何控制企业的采购成本。成本核算业务主要是成本的核算、分析等。包含以下知识点：直接材料的归集和分配,直接人工的归集和分配,折旧费、水电费等制造费用的归集和分配;月末在产品约当产量比例计算方法的运用,委托加工半成品和自制半成品成本的计算和结转,产成品成本的计算和结转,以及相关账簿的登记等。

【任务 1】 2019 年 11 月 30 日,直接人工的归集和分配。

【实训要求】

(1) 分配本月职工薪酬。

(2) 分配本月发生的职工福利费。

【操作指导】

切换到北京成海喷塑加工有限公司(会计岗位),进入本任务的第 1 个实训内容。

(1) **分配本月职工薪酬**。2019 年 11 月 30 日,分配本月职工薪酬。分配率保留两位小数(四舍五入),尾差计入速热型热水器- F50 - 21WB2(ES)50 升。(记账凭证 037 号)

① 阅读操作界面右边单据列表的信息(职工薪酬汇总表、职工薪酬分配表)。

② 填制单据。

A. 在右边单据列表中,选择并打开"职工薪酬分配表",根据"职工薪酬汇总表"的数据进行生产成本之间的分配,并填写"职工薪酬分配表",制表人签章,点击"保存"。

B. 点击任务栏"填制单据"按钮。

③ 审核单据。

全选资料,点击"下一步",找白皋珠会计主管审核。审核完毕,点击任务栏的"审核单据"按钮。

④ 填制凭证。

A. 全选资料,点击"下一步",办理。

B. 领取并填制凭证。

执行"单据库"→"会计凭证类"→通用凭证 3 张→"就拿这些"命令,关闭对话框;在右边单据列表中选择"通用凭证",打开并填列,点击"保存",单击任务栏"填制凭证"按钮,如图 5 - 200~图 5 - 202 所示。

⑤ 审核凭证。

A. 全选资料,点击"下一步",找白皋珠会计主管审核。

B. 审核完毕,点击任务栏中的"审核凭证"按钮。

⑥ 领取并登记账簿。

A. 全选资料,点击"下一步",办理。

B. 执行"单据库"→"账簿类"→生产成本明细账 4 张、三栏账 9 张、多栏账 3 张→"就拿这些"命令,关闭对话框。

C. 在右边单据列表中选择这些账簿,打开并登账,点击"保存",登完账后记得在凭证上打钩并记账签章。完成后点击任务栏"登记账簿"按钮。

点击左上角"业务向导"→"进程",进入本任务第 2 个实训内容。

记账凭证

记字第 037 号 1/3

2019 年 11 月 30 日

摘要	总账科目	明细科目	借方金额	贷方金额	√
分配本月职工薪酬	生产成本	速热型热水器-F50-21WB2(ES)50升	7156900		☐
	生产成本	速热型热水器-F50-21WB2(ES)60升	6411600		☐
	生产成本	即热型热水器-F80-30W7(HD)80升	9617400		☐
	生产成本	速热型热水器-F80-15WA1(ES)80升	6411600		☐
	制造费用	职工薪酬	2494970		☐
	管理费用	职工薪酬	14523050		☐
合 计					☐

会计主管：　记账：　出纳：　复核：　制单：王赢尔

附单据 2 张

图 5-200　记账凭证(1)

记账凭证

记字第 037 号 2/3

2019 年 11 月 30 日

摘要	总账科目	明细科目	借方金额	贷方金额	√
	销售费用	职工薪酬	9138100		☐
	应付职工薪酬	短期薪酬（职工薪酬）		37740000	☐
	应付职工薪酬	短期薪酬（医疗保险）		3774000	☐
	应付职工薪酬	短期薪酬（工伤保险）		188700	☐
	应付职工薪酬	短期薪酬（生育保险）		301920	☐
	应付职工薪酬	离职后福利（养老保险）		6038400	☐
合 计					☐

会计主管：　记账：　出纳：　复核：　制单：王赢尔

附单据 2 张

图 5-201　记账凭证(2)

记账凭证

记字第 037 号 3/3

2019 年 11 月 30 日

摘要	总账科目	明细科目	借方金额	贷方金额	√
	应付职工薪酬	离职后福利（失业保险）		301920	☐
	应付职工薪酬	短期薪酬（住房公积金）		4528800	☐
	应付职工薪酬	短期薪酬（工会经费）		754800	☐
	应付职工薪酬	短期薪酬（职工教育经费）		2125080	☐
					☐
					☐
合 计			¥5575362 0	¥5575362 0	☐

会计主管：　记账：　出纳：　复核：　制单：王赢尔

附单据 2 张

图 5-202　记账凭证(3)

（2）**分配本月发生的职工福利费**。2019 年 11 月 30 日,分配本月发生的职工福利费。分配率保留两位小数,四舍五入。(记账凭证 038 号)

① 阅读操作界面右边单据列表的信息(职工福利汇总表、职工福利分配表)。

② 填制单据。

在右边单据列表中选择并打开"职工福利分配表",根据"职工福利汇总表"的数据分配职工福利费,并填写"职工福利分配表",如图 5 - 203 所示,制表人签章,点击"保存",再点击任务栏"填制单据"按钮。

职工福利费分配表

2019年11月30日

金额单位：元

受益对象	产品名称	分配标准（工时）	分配率	分配金额
生产车间	速热型热水器-F50-21WB2(ES)50	2900	0.50	1450.00
生产车间	速热型热水器-F50-21WB2(ES)60	2600	0.50	1300.00
生产车间	即热型热水器-F80-30W7(HD)80升	3900	0.50	1950.00
生产车间	速热型热水器-F80-15WA1（ES）8	2600	0.50	1300.00
----	小 计	12000	----	6000.00
车间管理人员	----	----	----	400.00
公司管理人员	----	----	----	2000.00
公司销售人员	----	----	----	1200.00
合 计	----	----	----	9600.00
审核			制表：	王鑫尔

图 5 - 203 职工福利费分配表

③ 审核单据。

点击选择全部资料,点击"下一步",送交会计主管白皋珠审核,审完后点击任务栏"审核单据"。

④ 填制凭证。

A. 全选资料,点击"下一步",办理。

B. 领取并填制凭证。

执行"单据库"→"会计凭证类"→通用凭证 2 张→"就拿这些"命令,关闭对话框;在右边"单据列表",选择"通用凭证",打开并填列,点击"保存",单击任务栏"填制凭证"按钮,如图 5 - 204、图 5 - 205 所示。

⑤ 审核凭证。

A. 全选资料,点击"下一步",找白皋珠会计主管审核。

B. 审核完毕,点击任务栏中的"审核凭证"按钮。

⑥ 领取并登记账簿。

A. 全选资料,点击"下一步",办理。

B. 执行"单据库"→"账簿类"→生产成本明细账 4 张、三栏账 1 张、多栏账 3 张→"就拿这些"命令,关闭对话框。

记账凭证

记字第 *038* 号1/2

2019年11月30日

摘要	总账科目	明细科目	借方金额 亿千百十万千百十元角分	贷方金额 亿千百十万千百十元角分	√
分配职工福利费	生产成本	速热型热水器-F50-21WB2(ES)50升	1 4 5 0 0 0		☐
	生产成本	速热型热水器-F50-21WB2(ES)60升	1 3 0 0 0 0		☐
	生产成本	即热型热水器-F80-30W7(HD)80升	1 9 5 0 0 0		☐
	生产成本	速热型热水器-F80-15WA1(ES)80升	1 3 0 0 0 0		☐
	制造费用	福利费	4 0 0 0 0		☐
	管理费用	福利费	2 0 0 0 0		☐
合 计					☐

会计主管: 记账: 出纳: 复核: 制单: 王赢尔

附单据 2 张

图5-204 记账凭证(1)

记账凭证

记字第 *038* 号2/2

2019年11月30日

摘要	总账科目	明细科目	借方金额 亿千百十万千百十元角分	贷方金额 亿千百十万千百十元角分	√
	销售费用	福利费	1 2 0 0 0 0		☐
	应付职工薪酬	短期薪酬(非货币福利)		9 6 0 0 0 0	☐
					☐
					☐
					☐
					☐
合 计			¥ 9 6 0 0 0 0	¥ 9 6 0 0 0 0	☐

会计主管: 记账: 出纳: 复核: 制单: 王赢尔

附单据 2 张

图5-205 记账凭证(2)

C. 在右边单据列表中选择这些账簿,打开并登账,点击"保存",登完账后记得在凭证上打钩并记账签章。完成后点击任务栏"登记账簿"按钮。

选择左上角"业务向导"→"进程",进入成本核算第2个任务:品种法——直接材料的归集和分配。

【任务2】 2019年11月30日,直接材料的归集和分配。

【实训要求】

(1)本月入库材料计划成本。

(2)本月入库材料成本差异。

(3)结转本月发出材料计划成本。

(4)本月发出材料应负担成本差异。

【操作指导】

切换到北京成海喷塑加工有限公司(会计岗位),进入本任务的第 1 个实训内容。

(1) **本月入库材料计划成本。**2019 年 11 月 30 日,根据"收料单"编制"收料凭证汇总表",结转本月入库材料计划成本。(记账凭证 042 号)

① 阅读操作界面右边单据列表的信息(收料单、收料单汇总表、原材料明细账余额表)。

② 填制单据。

A. 在右边单据列表中选择并打开"收料单汇总表",根据收料单等单据信息填列"收料单汇总表",制表人签章,点击"保存",如图 5 - 206 所示。

收料凭证汇总表

编制单位: 北京成海喷塑加工有限公司　　　　　2019年11月30日

品名	计量单位	入库数量	计划单价	计划成本 (元)
电加热管	个	4250	48.00	204000.00
镁阳极棒	个	3650	30.00	109500.00
石棉保温层	个	3600	42.00	151200.00
防电墙	个	3600	26.00	93600.00
电线	个	3600	1.75	6300.00
智能防漏电插头	个	3670	48.00	176160.00
铁皮 (冷轧板)	个	3500	12.00	42000.00
合计	----	----	----	782760.00

审核:　　　　　　　　　　　　　　　　　　　　　　制表:王嘉尔

图 5 - 206　收料单汇总表

B. 点击任务栏"填制单据"按钮。

③ 审核单据。

全选资料,点击"下一步",找白皋珠会计主管审核,审核完毕,点击任务栏的"审核单据"按钮。

④ 填制凭证。

A. 全选资料,点击"下一步",办理。

B. 领取并填制凭证。

执行"单据库"→"会计凭证类"→通用凭证 3 张→"就拿这些"命令,关闭对话框;在右边单据列表中选择"通用凭证",打开并填列,点击"保存",制单人签章,单击任务栏"填制凭证"按钮,如图 5 - 207~图 5 - 209 所示。

⑤ 审核凭证。

A. 全选资料,点击"下一步",找白皋珠会计主管审核。

B. 审核完毕,点击任务栏的"审核单据"按钮。

⑥ 领取并登记账簿。

A. 全选资料,点击"下一步",办理。

B. 执行"单据库"→"账簿类"→数量金额式账簿 14 张→"就拿这些"命令,关闭对话框。

记账凭证

2019 年 11 月 30日

记字第 042 号1/3

摘 要	总账科目	明细科目	借方金额 亿千百十万千百十元角分	贷方金额 亿千百十万千百十元角分	√
结转入库材料计划成本	原材料	电加热管	2 0 4 0 0 0 0 0		☐
	原材料	镁阳极棒	1 0 9 5 0 0 0 0		☐
	原材料	石棉保温层	1 5 1 2 0 0 0 0		☐
	原材料	防电墙	9 3 6 0 0 0 0		☐
	原材料	电线	6 3 0 0 0 0		☐
	原材料	智能防漏电插头	1 7 6 1 6 0 0 0		☐
合		计			☐

会计主管：　　记账：　　出纳：　　复核：　　制单：王嘉尔

附单据 4 张

图 5 - 207　记账凭证(1)

记账凭证

2019 年 11月30日

记字第 042 号2/3

摘 要	总账科目	明细科目	借方金额 亿千百十万千百十元角分	贷方金额 亿千百十万千百十元角分	√
	原材料	铁皮（冷轧板）	4 2 0 0 0 0 0		☐
	材料采购	电加热管		2 0 4 0 0 0 0 0	☐
	材料采购	镁阳极棒		1 0 9 5 0 0 0 0	☐
	材料采购	石棉保温层		1 5 1 2 0 0 0 0	☐
	材料采购	防电墙		9 3 6 0 0 0 0	☐
	材料采购	电线		6 3 0 0 0 0	☐
合		计			☐

会计主管：　　记账：　　出纳：　　复核：　　制单：王嘉尔

附单据 4 张

图 5 - 208　记账凭证(2)

记账凭证

2019 年 11月30日

记字第 042 号3/3

摘 要	总账科目	明细科目	借方金额 亿千百十万千百十元角分	贷方金额 亿千百十万千百十元角分	√
	材料采购	智能防漏电插头		1 7 6 1 6 0 0 0	☐
	材料采购	铁皮（冷轧板）		4 2 0 0 0 0 0	☐
					☐
合		计	¥ 7 8 2 7 6 0 0 0	¥ 7 8 2 7 6 0 0 0	

会计主管：　　记账：　　出纳：　　复核：　　制单：王嘉尔

附单据 4 张

图 5 - 209　记账凭证(3)

C. 在右边单据列表中选择这些账簿,打开并登账,点击"保存数据",登完账后记得在凭证上打钩并记账签章。完成后,点击任务栏"登记账簿"按钮。

点击左上角"业务向导"→"进程",进入本任务的第 2 个实训内容。

（2）**本月入库材料成本差异**。2019 年 11 月 30 日,计算并结转本月入库材料成本差异。（记账凭证 043 号）

① 阅读操作界面右边单据列表的信息（收料凭证汇总表、入库材料成本差异计算表）。

② 填制单据。

A. 在右边单据列表中选择并打开"入库材料成本差异计算表",根据收料凭证汇总表等的信息填列"入库材料成本差异计算表",制表人签章,点击"保存"。

B. 点击任务栏"填制单据"按钮,如图 5-210 所示。

入库材料成本差异计算表

编制单位: 北京成海喷塑加工有限公司　　　　　　　　2019年11月30日

品名	计量单位	计划总成本（元）	实际总成本（元）	材料成本差异
电加热管	个	204000.00	212500.00	8500.00
镁阳极棒	个	109500.00	102200.00	-7300.00
石棉保温层	个	151200.00	162000.00	10800.00
防电墙	个	93600.00	90000.00	-3600.00
电线	个	6300.00	6300.00	0.00
智能防漏电插头	个	176160.00	183500.00	7340.00
铁皮（冷轧板）	个	42000.00	35000.00	-7000.00
合计	----	782760.00	791500.00	8740.00

审核　　　　　　　　　　　　　　　　　　　　　　　制表: 王赢尔

图 5-210　入库材料成本差异计算表

③ 审核单据。

全选资料,点击"下一步",找白皋珠会计主管审核,审核完毕,点击任务栏的"审核单据"按钮。

④ 填制凭证。

A. 全选资料,点击"下一步",办理。

B. 领取并填制凭证。

执行"单据库"→"会计凭证类"→通用凭证 2 张→"就拿这些"命令,关闭对话框;在右边单据列表中选择"通用凭证",打开并填列,点击"保存",制单人签章,单击任务栏"填制凭证"按钮,如图 5-211、图 5-212 所示。

⑤ 审核凭证。

A. 全选资料,点击"下一步",找白皋珠会计主管审核。

B. 审核完毕,点击任务栏的"审核单据"按钮。

⑥ 领取并登记账簿。

A. 全选资料,点击"下一步",办理。

记账凭证

2019 年 11 月 30 日

记字第 043 号 1/2

摘要	总账科目	明细科目	借方金额 亿千百十万千百十元角分	贷方金额 亿千百十万千百十元角分	√
结转入库材料的材料成本差异	材料成本差异		8 7 4 0 0 0		☐
	材料采购	电加热管		8 5 0 0 0 0	☐
	材料采购	镁阳极棒	7 3 0 0 0 0		☐
	材料采购	石棉保温层		1 0 8 0 0 0 0	☐
	材料采购	防电墙	3 6 0 0 0 0		☐
	材料采购	智能防漏电插头		7 3 4 0 0 0	☐
合		计			

会计主管：　记账：　出纳：　复核：　制单：王赢尔

附单据 2 张

图 5‑211　记账凭证(1)

记账凭证

2019 年 11 月 30 日

记字第 043 号 2/2

摘要	总账科目	明细科目	借方金额 亿千百十万千百十元角分	贷方金额 亿千百十万千百十元角分	√
	材料采购	铁皮（冷轧板）	7 0 0 0 0 0		☐
					☐
					☐
					☐
					☐
					☐
合		计	¥ 2 6 6 4 0 0 0	¥ 2 6 6 4 0 0 0	☐

会计主管：　记账：　出纳：　复核：　制单：王赢尔

附单据 2 张

图 5‑212　记账凭证(2)

B. 执行"单据库"→"账簿类"→数量金额式账簿 6 张、三栏账 1 张→"就拿这些"命令,关闭对话框。

C. 在右边单据列表中选择这些账簿,打开并登账,点击"保存",登完账后记得在凭证上打钩并记账签章。完成后点击任务栏"登记账簿"按钮。

点击左上角"业务向导"→"进程",进入本任务的第 3 个实训内容。

(3) **结转本月发出材料计划成本**。2019 年 11 月 30 日,编制发出材料汇总表及材料费用分配表,分配并结转本月发出材料计划成本。(记账凭证 044 号)

① 阅读操作界面右边单据列表的信息(原材料明细账户余额表、领料单等)。

② 填制单证。

A. 在右边单据列表中选择并打开"发出共同耗用材料汇总表",根据原材料明细账户余额表的信息填列计划单价,根据领料单 1、2 的信息填列共同耗用数量,并计算金额;制表人签章,点击"保存",如图 5 - 213 所示。

发出共同耗用材料汇总表

编制单位:北京成海喷塑加工有限公司　　　　2019年11月30日

品名	计量单位	计划单价	共同耗用数量	共同耗用金额
电加热管	个	48.00	3700	177600.00
镁阳极棒	个	30.00	3700	111000.00
石棉保温层	个	42.00	3700	155400.00
防电墙	个	26.00	3700	96200.00
电线	个	1.75	3700	6475.00
智能防漏电插头	个	48.00	3700	177600.00
铁皮(冷轧板)	个	12.00	3700	44400.00
合计	————	————	————	768675.00

审核:　　　　　　　　　　　　　　　　　　制表: 王嘉尔

图 5 - 213　发出共同耗用材料汇总表

B. 在右边单据列表中选择并打开"发出材料汇总表 1 和发出材料汇总表 2",根据原材料明细账户余额表以及领料单 3、领料单 4 的信息填列汇总表(1);根据原材料明细账户余额表以及领料单 5、领料单 6 的信息填列汇总表(2);制表人签章,点击"保存"按钮,如图 5 - 214、图 5 - 215 所示。

发出材料汇总表

编制单位:北京成海喷塑加工有限公司　　　　2019年11月30日

品名	计量单位	计划单价	速热型热水器-F50-2	速热型热水器-F50-2	速热型热水器-F50-2	速热型热水器-F50-2	金额合计
内胆-F50-21WB2(ES)	个	100.00	900	90000.00			90000.00
内胆-F50-21WB2(ES)	个	110.00			800	88000.00	88000.00
合计	————	————	900	90000.00	800	88000.00	178000.00

审核:　　　　　　　　　　　　　　　　　　制表: 王嘉尔

图 5 - 214　发出材料汇总表(1)

发出材料汇总表

编制单位:北京成海喷塑加工有限公司　　　　2019年11月30日

品名	计量单位	计划单价	即热型热水器-F80-3	即热型热水器-F80-3	速热型热水器-F80-1	速热型热水器-F80-1	金额合计
内胆-F80-30W7(HD)8	个	120.00	1200	144000.00			144000.00
内胆-F80-15WA1(ES	个	110.00			800	88000.00	88000.00
合计	————	————	1200	144000.00	800	88000.00	232000.00

审核:　　　　　　　　　　　　　　　　　　制表: 王嘉尔

图 5 - 215　发出材料汇总表(2)

C. 在右边单据列表中选择并打开"产品直接材料费用分配计算表 1、2、3、4",分配标准按定额耗用分配(分配率为计划单价),直接计入材料成本根据"发出材料汇总表(1)、(2)"的信息直接填列,制表人签章,点击"保存",完成后点击任务栏"填制单证"按钮。

③ 审核单证。

全选资料,点击"下一步",找白皋珠会计主管审核,审核完毕,点击任务栏的"审核单证"按钮。

④ 填制凭证。

A. 全选资料,点击"下一步",办理。

B. 领取并填制凭证。

执行"单据库"→"会计凭证类"→通用凭证3张→"就拿这些"命令,关闭对话框。在右边单据列表中选择"通用凭证",打开并填列,点击"保存"按钮,制单人签章,单击任务栏"填制凭证"按钮,如图5-216~图5-218所示。

记账凭证

2019年11月30日 记字第 044 号1/3

摘要	总账科目	明细科目	借方金额 亿千百十万千百十元角分	贷方金额 亿千百十万千百十元角分	√
分配结转发出材料计划成本	生产成本	速热型热水器-F50-21WB2(ES)50升	2 2 0 0 9 5 0 0		☐
	生产成本	速热型热水器-F50-21WB2(ES)60升	2 2 8 9 2 0 0 0		☐
	生产成本	即热型热水器-F80-30W7(HD)80升	4 1 2 2 6 0 0 0		☐
	生产成本	速热型热水器-F80-15WA1(ES)80升	3 1 7 4 0 0 0 0		☐
	原材料	电加热管		1 7 7 6 0 0 0 0	☐
	原材料	镁阳极棒		1 1 1 0 0 0 0 0	☐
合 计					☐

会计主管:　记账:　出纳:　复核:　制单:王赢尔

附单据14张

图5-216 记账凭证(1)

记账凭证

2019年11月30日 记字第 044 号2/3

摘要	总账科目	明细科目	借方金额 亿千百十万千百十元角分	贷方金额 亿千百十万千百十元角分	√
	原材料	石棉保温层		1 5 5 4 0 0 0 0	☐
	原材料	防电墙		9 6 2 0 0 0 0	☐
	原材料	电线		6 4 7 5 0 0	☐
	原材料	智能防漏电插头		1 7 7 6 0 0 0 0	☐
	原材料	铁皮(冷轧板)		4 4 4 0 0 0 0	☐
	原材料	内胆-F50-21WB2(ES)50升		9 0 0 0 0 0 0	☐
合 计					☐

会计主管:　记账:　出纳:　复核:　制单:王赢尔

附单据14张

图5-217 记账凭证(2)

记 账 凭 证

2019 年 11 月 30 日

记字第 044 号 3/3

摘　要	总账科目	明细科目	借 方 金 额	贷 方 金 额	√	
			亿千百十万千百十元角分	亿千百十万千百十元角分		
	原材料	内胆-F50-21WB2(ES)60升		8 8 0 0 0 0 0	☐	附单据
	原材料	内胆-F80-30W7(HD)80升		1 4 4 0 0 0 0 0	☐	
	原材料	内胆-F80-15WA1（ES）80升		8 8 0 0 0 0 0	☐	
					☐	14 张
					☐	
					☐	
	合	计	¥ 1 1 7 8 6 7 5 0 0	¥ 1 1 7 8 6 7 5 0 0	☐	

会计主管：　　　　记账：　　　　出纳：　　　　复核：　　　　制单：王嘉尔

图 5-218　记账凭证(3)

⑤ 审核凭证。

A. 全选资料,点击"下一步",找白皋珠会计主管审核。

B. 审核完毕,点击任务栏的"审核单据"按钮。

⑥ 领取并登记账簿。

A. 全选资料,点击"下一步",办理。

B. 执行"单据库"→"账簿类"→生产成本明细账 4 张、数量金额式账簿 11 张→"就拿这些"命令,关闭对话框。

C. 在右边单据列表中选择这些账簿,打开并登账,点击"保存数据",登完账后记得在凭证上打钩并记账签章,保存数据,完成后点击任务栏"登记账簿"按钮。

点击左上角"业务向导"→"进程",进入本任务的第 4 个实训内容。

(4) **本月发出材料应负担的成本差异**。2019 年 11 月 30 日,计算并结转本月发出材料应负担的成本差异。(材料成本差异率百分号前保留两位小数)(记账凭证 045 号)

① 阅读操作界面右边单据列表的信息(材料成本差异率计算表、发出材料成本差异计算表)。

② 填制单证。

A. 在右边单据列表中选择并打开"材料成本差异率计算表",通过阅读表内容的信息计算差异率并填列;制表人签章,点击"保存"按钮,如图 5-219 所示。

材料成本差异率计算表

2019年11月30日

材料成本差异期初结存	材料成本差异本期增加	原材料计划成本期初结存	原材料计划成本本期增加	材料成本差异率（%）
10520.00	8740.00	852715.00	782760.00	1.18%

审核：　　　　　　　　　　　　　　　　制表：王嘉尔

图 5-219　材料成本差异率计算表

B. 在右边单据列表中选择并打开"发出材料成本差异计算表"，根据第一个表计算出来的差异率计算发出材料的差异额；制表人签章，点击"保存"按钮，如图5‑220所示。

发出材料成本差异计算表

2019年11月30日　　　　　　　　　　　　　　金额单位：元

产品名称	计划成本	材料成本差异率（%）	材料成本差异额
速热型热水器-F50-21WB2(ES)50升	220095.00	1.18%	2597.12
速热型热水器-F50-21WB2(ES)60升	228920.00	1.18%	2701.26
即热型热水器-F80-30W7(HD)80升	412260.00	1.18%	4864.67
速热型热水器-F80-15WA1（ES）80-	317400.00	1.18%	3745.32
合计	1178675.00	----	13908.37

审核：　　　　　　　　　　　　　　　　　　制表：王赢尔

图5‑220　发出材料成本差异计算表

C. 完成后点击任务栏"填制单证"按钮。

③ 审核单证。

全选资料，点击"下一步"，找白皋珠会计主管审核，审核完毕，点击任务栏的"审核单证"按钮。

④ 填制凭证。

A. 全选资料，点击"下一步"，办理。

B. 领取并填制凭证，执行"单据库"→"会计凭证类"→通用凭证1张→"就拿这些"命令，关闭对话框。

C. 在右边单据列表中选择"通用凭证"，打开并填列，点击"保存"按钮，制单人签章，单击任务栏"填制凭证"按钮（见图5‑221）。

记 账 凭 证

记字第 045 号

2019 年 11 月 30 日

摘 要	总账科目	明细科目	借方金额	贷方金额	√
结转发出材料成本差异	生产成本	速热型热水器-F50-21WB2(ES)50升	2597 12		
	生产成本	速热型热水器-F50-21WB2(ES)60升	2701 26		
	生产成本	即热型热水器-F80-30W7(HD)80升	4864 67		
	生产成本	速热型热水器-F80-15WA1（ES）80升	3745 32		
	材料成本差异			13908 37	
合　计			¥13908 37	¥13908 37	

附单据2张

会计主管：　　记账：　　出纳：　　复核：　　制单：王赢尔

图5‑221　记账凭证

⑤ 审核凭证。

A. 全选资料，点击"下一步"，找白皋珠会计主管审核。

B. 审核完毕，点击任务栏的"审核单据"按钮。

⑥ 领取并登记账簿。

A. 全选资料，点击"下一步"，办理。

B. 执行"单据库"→"账簿类"→生产成本明细账 4 张、三栏式 1 张→"就拿这些"命令，关闭对话框。

C. 在右边单据列表中选择这些账簿，打开并登账，点击"保存"，登完账后记得在凭证上打钩并记账签章，保存数据，完成后点击任务栏"登记账簿"按钮。

选择左上角"业务向导"→"进程"，进入成本核算第 3 个任务：品种法——制造费用的归集和分配。

【任务 3】 2019 年 11 月 30 日，制造费用的归集和分配。

【实训要求】

(1) 计提本月固定资产折旧。

(2) 支付并分配本月水费。

(3) 支付并分配本月电费。

(4) 分配并结转本月制造费用。

【操作指导】

切换到北京成海喷塑加工有限公司（会计岗位），进入本任务的第 1 个实训内容。

(1) **计提本月固定资产折旧**。2019 年 11 月 30 日，计提本月固定资产折旧。（折旧率百分号前保留两位小数）（记账凭证 039 号）

① 阅读操作界面右边单据列表的信息（固定资产折旧计算表）。

② 填制单据。

A. 单击左边"企业资料"，双击"企业财务制度"下的"固定资产折旧、摊销年限表"，如图 5-222 所示。

固定资产折旧、摊销年限表

固定资产类别	折旧年限	残值率	折旧方法
房屋、建筑物	20年	4%	年限平均法
飞机、火车、轮船、机器、机械和其他生产设备	10年	4%	年限平均法
与生产经营活动有关的器具、工具、家具等	5年	4%	年限平均法
飞机、火车、轮船以外的运输工具	4年	4%	年限平均法
电子设备	5年	4%	年限平均法

图 5-222 固定资产折旧、摊销年限表

B. 在右边单据列表中选择并打开"固定资产折旧计算表"，根据"企业资料"的相关信息填列并计算固定资产折旧表，制表人签章，点击"保存"，如图 5-223 所示。

C. 点击任务栏中的"填制单据"按钮。

③ 审核单据。

全选资料,点击"下一步",找白皋珠会计主管审核,审核完毕,点击任务栏的"审核单据"按钮。

固定资产折旧计算表

公司: 北京成海喷塑加工有限公司　　　　　　2019年11月30日　　　　　　金额单位: 元

使用部门	固定资产类别	原值	固定资产月折旧率 (%)	本月应计提折旧
生产车间	厂房	5304000.00	0.40%	21216.00
生产车间	生产设备	2680000.00	0.80%	21440.00
生产车间	小计	7984000.00	----	42656.00
管理部门	房屋建筑物	6360000.00	0.40%	25440.00
管理部门	运输设备	696000.00	2.00%	13920.00
管理部门	管理设备	196000.00	1.60%	3136.00
管理部门	小计	7252000.00	----	42496.00
销售部门	管理设备	45000.00	1.60%	720.00
合计	----	15281000.00	----	85872.00

审核人:　　　　　　　　　　　　　　　　　　　　制表人:王霈尔

图 5 - 223　固定资产折旧计算表

④ 填制凭证。

A. 全选资料,点击"下一步",办理。

B. 领取并填制凭证。

执行"单据库"→"会计凭证类"→通用凭证1张→"就拿这些"命令,关闭对话框。在右边单据列表中选择"通用凭证",打开并填列,点击"保存",制单人签章,单击任务栏"填制凭证"按钮。

⑤ 审核凭证。

全选资料,点击"下一步",找白皋珠会计主管审核,审核完毕,点击任务栏的"审核单据"按钮。

⑥ 领取并登记账簿。

A. 全选资料,点击"下一步",办理。

B. 执行"单据库"→"账簿类"→多栏式账簿3张、三栏式1张→"就拿这些"命令,关闭对话框。

C. 在右边单据列表中选择这些账簿,打开并登账,点击"保存",登完账后记得在凭证上打钩并记账签章。完成后点击任务栏"登记账簿"按钮,如图 5 - 224 所示。

点击左上角"业务向导"→"进程",进入本任务的第2个实训内容。

(2) **支付并分配本月水费**。2019 年 11 月 30 日,支付并分配本月水费。(分配率保留两位小数,四舍五入)(记账凭证 040 号)

分页:	总页:				累计折旧明细账					

一级科目：累计折旧　　　　　　　　　　级科目：

2019年 月	日	凭证 种类	号数	摘要	日页	借方 亿千百十万千百十元角分	贷方 亿千百十万千百十元角分	借或贷	余额 亿千百十万千百十元角分
10	31			承前页			8 5 8 7 2 0 0 0	贷	1 8 8 9 1 8 4 0 0
11	30	记	039	计提折旧			8 5 8 7 2 0 0	贷	1 9 7 5 0 5 6 0 0

图 5－224　累计折旧明细账

① 阅读操作界面右边单据列表的信息（各部门水费耗用明细表、委托收款单、增值税发票）。

② 填制单据。

A. 在右边单据列表中选择并打开"各部门用水分配表"，把不含税额金额按照用水量分配到各部门，同时填列本表，制表人签章，点击"保存"，如图 5－225 所示。

各部门用水分配表
2019年11月30日

使用部门	分配率	耗用量（立方米）	金额
生产部门	4.16	900	3744.00
管理部门	4.16	200	832.00
合计	----	1100	4576.00

审核人：　　　　　　　　　　　　　　　　制单人：　王赢尔

图 5－225　各部门用水分配表

B. 点击任务栏"填制单据"按钮。

③ 审核单据。

全选资料，点击"下一步"，找白皋珠会计主管审核，审核完毕，点击任务栏的"审核单据"按钮。

④ 填制凭证。

A. 全选资料，点击"下一步"，办理。

B. 领取并填制凭证，执行"单据库"→"会计凭证类"→通用凭证 1 张→"就拿这些"命令，关闭对话框。在右边单据列表中选择"通用凭证"，打开并填列，点击"保存"，制单人签章。

【注意】

填制凭证时一定要看企业资料的会计科目要求。

C. 单击任务栏"填制凭证"按钮。

⑤ 审核凭证。

全选资料，点击"下一步"，找白皋珠会计主管审核，审核完毕，点击任务栏的"审核单据"按钮。

⑥ 出纳登记账簿。

A. 全选资料，点击"下一步"，找出纳杨础功办理。

B. 完成后，点击"出纳登记账簿"按钮。

⑦ 登记账簿。

A. 全选资料，点击"下一步"，办理。

B. 执行"单据库"→"账簿类"→多栏式账簿 2 张、应交增值税明细账 1 张→"就拿这些"命令，关闭对话框。

C. 在右边单据列表中选择这些账簿，打开并登账，点击"保存"，登完账后记得在凭证上打钩并记账签章。完成后点击任务栏中的"登记账簿"按钮，如图 5 - 226 所示。

图 5 - 226 应交增值税明细账

2019年 月	日	凭证 种类 号数	摘要	借方 合计	进项税额	已交税金	减免税款	出口抵减内销产品应纳税额	转出未交增值税	贷方 合计	销项税额
10	31		承前页	1978460000	448850060				152960994	1978460000	1978460000
11	01	记 001	采购原材料	1500000	1500000						
11	04	记 002	采购原材料	654500	654500						
11	07	记 010	采购原材料	2019600	2019600						
11	10	记 014	支付广告费	600000	600000						
11	14	记 016	现金折扣方式销售							5355000	5355000
11	14	记 017	委托运输	11000	11000						
11	13	记 025	销售商品							1428000	1428000
11	30	记 031	销售商品							5576000	5576000
11	30	记 032	销售商品委托运输	11000							
11	30	记 033	销售商品							2142000	2142000
11	30	记 034	销售商品委托运输	11000							
11	30	记 038	固定资产大修理、更换	136000	136000						
11	30	记 040	银行代扣本月水费	41184	41184						

点击左上角"业务向导"→"进程"，进入本任务的第 3 个实训内容。

(3) 支付并分配本月电费。2019 年 11 月 30 日，支付并分配本月电费。（分配率保留两位小数，四舍五入）（记账凭证 041 号）

① 阅读操作界面右边单据列表的信息（各部门电费耗用明细表、委托收款单、增值税发票）。

② 填制单据。

A. 在右边单据列表中选择并打开"各部门用电分配表"，把不含税额金额按照用电量分配到各部门，同时填列本表，制表人签章，点击"保存"，如图 5 - 227 所示。

B. 点击任务栏"填制单据"按钮。

③ 审核单据。

全选资料，点击"下一步"，找白皋珠会计主管审核，审核完毕，点击任务栏中的"审核单据"按钮。

各部门用电分配表

2019年11月30日

使用部门	分配率	耗用量（度）	金额
生产车间	0.8	14200	11360.00
管理部门	0.8	1700	1360.00
合计	----	15900	12720.00
审核人：			制表人： 王丽尔

图 5‑227 各部门用电分配表

④ 填制凭证。

A. 全选资料，点击"下一步"，办理。

B. 领取并填制凭证，执行"单据库"→"会计凭证类"→通用凭证 1 张→"就拿这些"命令，关闭对话框。在右边单据列表中选择"通用凭证"，打开并填列，点击"保存"，制单人签章。

【注意】

填制凭证时一定要看企业资料的会计科目要求。

C. 单击任务栏中的"填制凭证"按钮。

⑤ 审核凭证。

全选资料，点击"下一步"，找白皋珠会计主管审核，审核完毕，点击任务栏中的"审核单据"按钮。

⑥ 出纳登记账簿。

A. 全选资料，点击"下一步"，找出纳杨础功办理。

B. 完成后，点击"出纳登记账簿"按钮。

⑦ 登记账簿。

A. 全选资料，点击"下一步"，办理。

B. 执行"单据库"→"账簿类"→多栏式账簿 2 张、应交增值税明细账 1 张→"就拿这些"命令，关闭对话框。

C. 在右边单据列表中选择这些账簿，打开并登账，点击"保存"，登完账后记得在凭证上打钩并记账签章。完成后点击任务栏中的"登记账簿"按钮。

点击左上角"业务向导"→"进程"，进入本任务的第 4 个实训内容。

（4）分配并结转本月制造费用。2019 年 11 月 30 日，分配并结转本月制造费用。[分配率保留四位小数，四舍五入，分配尾差计入速热型热水器‑F50‑21WB2（ES）50升]（记账凭证 046 号）

① 阅读操作界面右边单据列表的信息（制造费用汇总表、制造费用分配表）。

② 填制单据。

A. 在右边单据列表中选择并打开"制造费用分配表"，根据"制造费用汇总表"的相关信息计算并填列分配表,制表人签章,点击"保存",如图 5 - 228 所示。

制造费用分配表

2019年11月30日

金额单位:元

受益对象	产品名称	分配标准(工时)	分配率	分配金额
生产车间	速热型热水器-F50-21WB2(ES)50	2900	6.9258	20084.92
生产车间	速热型热水器-F50-21WB2(ES)60	2600	6.9258	18007.08
生产车间	即热型热水器-F80-30W7(HD)80升	3900	6.9258	27010.62
生产车间	速热型热水器-F80-15WA1（ES）	2600	6.9258	18007.08
合　　计		12000	----	83109.70

审核: 白皋珠　　　　　　　　　　　　　　制表: 王嘉尔

图 5 - 228　制造费用分配表

B. 点击任务栏"填制单据"按钮。

③ 审核单据。

全选资料,点击"下一步",找白皋珠会计主管审核,审核完毕,点击任务栏中的"审核单据"按钮。

④ 填制凭证。

A. 全选资料,点击"下一步",办理。

B. 领取并填制凭证,执行"单据库"→"会计凭证类"→通用凭证 1 张→"就拿这些"命令,关闭对话框。在右边单据列表中选择"通用凭证",打开并填列,点击"保存",制单人签章。

【注意】

填制凭证时一定要看企业资料的会计科目要求。

C. 单击任务栏"填制凭证"按钮。

⑤ 审核凭证。

A. 全选资料,点击"下一步",找白皋珠会计主管审核。

B. 审核完毕,点击任务栏中的"审核单据"按钮。

⑥ 登记账簿。

A. 全选资料,点击"下一步",办理。

B. 执行"单据库"→"账簿类"→生产成本明细账簿 4 张、多栏式明细账 1 张→"就拿这些"命令,关闭对话框。

C. 在右边单据列表中选择这些账簿,打开并登账,点击"保存",登完账后记得在凭证上打钩并记账签章。完成后点击任务栏中的"登记账簿"按钮。

选择左上角"业务向导"→"进程",进入成本核算第 4 个任务:"品种法——完工产品成本核算"。

【任务4】 2019 年 11 月 30 日,完工产品成本核算。

【实训要求】 本月完工产品成本核算。

【操作指导】

本月完工产品成本核算。2019 年 11 月 30 日,结转本月完工产品成本,月末在产品和完工产品之间费用的分配采用约当产量法,原材料和半成品在第一道工序开始一次投入,月末在产品在本工序的完工程度均为 50%,计算各工序在产品完工程度及月末在产品约当产量;计算并结转本月完工产品成本。(各成本项目的"单位成本"保留四位小数,"单位成本合计"保留两位小数,尾差计入期末在产品成本)(记账凭证048 号)

(1)阅读操作界面右边单据列表的信息(入库单、产品成本计算单等)。

(2)填制单证。

① 在右边单据列表中选择并打开"期末在产品约当产量计算表",根据题目的信息期末在产品完工 50% 计算完工程度和约当产量,完成后,制表人签章,点击"保存"。同样的方法计算第二个"期末在产品约当产量计算表",如图 5-229 所示。

期末在产品约当产量计算表

产品名称:即热型热水器-F80-30W7(HD)80升　　　　2019年11月30日　　　　　计量单位:件

工序	工序名称	定额工时(小时)	完工程度	期末在产品数量	在产品约当产量
1	外壳成型	52	11.82%	400	47.28
2	内胆内装	54	35.91%		
3	喷漆烘干	66	63.18%	400	252.72
4	漏电检验	30	85.00%		
5	包装	18	95.91%		
----	合　计	220	----	800	300

审核:　　　　　　　　　　　　　　　　　　　　　　　制表　　王赢尔

图 5-229　期末在产品约当产量计算表

② 打开"产品成本计算单 1",根据"入库单 1-3"的信息可以得知"速热型热水器-F50-21WB2(ES)50 升"本月的完工产品为 900 台。由前面"期末在产品约当产量汇总表"得知该产品没有期末在产品,完成后,制表人签章,点击"保存"。按同样的方法计算后面 3 个"产品成本计算单"如图 5-230 所示。

产品成本计算单

产品:速热型热水器-F50-21WB2(ES)50升　　　　　　　　　　　2019年11月30日

成本项目	月初在产品成本	本月发生费用	生产费用合计	期末在产品约当产量	完工产品产量	单位成本	完工产品总成本	期末在产品成本
直接材料	0.00	229932.12	229932.12		900	255.4801	229932.12	
直接人工	0.00	73019.00	73019.00		900	81.1322	73019.00	
制造费用	0.00	20084.92	20084.92		900	22.3166	20084.92	
合　计	0.00	323036.04	323036.04	----	----	358.93	323036.04	

审核:　　　　　　　　　　　　　　　　　　　　　　　制表　　王赢尔

图 5-230　产品成本计算单

【注意】

期末有在产品的情况要分料工费结转,原材料是一次投进的,所以和人工的约当不同。

③ 打开"产品成本汇总表"，根据"产品成本计算单1－4"的内容，把期初在产品成本和本期发生费用、完工和期末在产品的成本分别填到汇总表里面，完成后，制表人签章，点击"保存"。点击任务栏中的"填制单据"按钮，如图5－231所示。

产品成本汇总表
2019年11月30日
金额单位：元

项目	速热型热水器-F50-21W	速热型热水器-F50-21W	即热型热水器-F80-30W	速热型热水器-F80-15W	合计
期初在产品成本	0.00	0.00	316246.76	136565.75	452812.51
本期生产费用	323036.04	321924.34	552579.29	411448.40	1608988.07
生产费用合计	323036.04	321924.34	868826.05	548014.15	2061800.58
期末完工产品成本	323036.04	321924.34	552579.24	411448.40	1608988.02
期末在产品成本	0.00	0.00	316246.81	136565.75	452812.56

审核：　　　　　　　　　　　　　　　　　　　　　制表：　王嘉尔

图5－231　产品成本汇总表

（3）审核单据。

全选资料，点击"下一步"，找白皋珠会计主管审核，审核完毕，点击任务栏中的"审核单据"按钮。

（4）填制凭证。

① 全选资料，点击"下一步"，办理。

② 领取并填制凭证，执行"单据库"→"会计凭证类"→通用凭证2张→"就拿这些"命令，关闭对话框。在右边单据列表中选择"通用凭证"，打开并填列，点击"保存"，制单人签章。

【注意】

填制凭证时一定要看企业资料的会计科目要求。

③ 单击任务栏"填制凭证"按钮。

（5）审核凭证。

全选资料，点击"下一步"，找白皋珠会计主管审核，审核完毕，点击任务栏中的"审核单据"按钮。

（6）登记账簿。

① 全选资料，点击"下一步"，办理。

② 执行"单据库"→"账簿类"→生产成本明细账簿4张、数量金额式明细账4张→"就拿这些"命令，关闭对话框。

③ 在右边单据列表中选择"生产成本明细账1"，根据"凭证""产品成本计算单1""入库单"的资料填这个账簿，点击"保存"，其他几个账簿按同样方法填制，点击"保存"，登完账后记得在凭证上打钩并记账签章。完成后点击任务栏中的"登记账簿"按钮。

选择左上角"业务向导"→"进程",进入成本核算第 5 个任务:"品种法——销售产品成本核算"。

【任务 5】 2019 年 11 月 30 日,销售产品成本核算。

【实训要求】 本月销售产品成本。

【操作指导】

销售商品成本。2019 年 11 月 30 日,结转本月销售商品成本。(单位成本保留两位小数,计算出的尾差计入销售成本)(记账凭证 049 号)

(1) 阅读操作界面右边单据列表的信息(出库单、产品成本汇总表等)。

(2) 填制单证。

① 在右边单据列表中选择并打开"销售成本计算表",根据出库单、产品成本汇总表的信息填列"销售成本计算表",完成后,制表人签章,点击"保存",如图 5 - 232 所示。

					销售成本计算表				
					2019年11月30日				金额单位:元
名称	期初结存数量	本月完工产量	本期销售数量	期末结存数量	期初结存成本	完工产品成本	单位成本	期末存货	销售成本
50-21WB2(ES)	100	900	900	100	36515.40	323036.04	359.55	35955.00	323596.44
50-21WB2(ES)	200	800	800	200	66231.40	321924.34	388.16	77632.00	310524.14
80-30W7(HD)	200	1200	1200	200	81751.26	552579.24	453.09	90618.00	543712.52
80-15WA1(E)	150	800	800	150	65034.20	411448.40	501.56	75234.00	401248.60
计	----	----	----	----	249532.68	1608988.02		279439.00	1579081.70
审核:								制表:王嘉尔	

图 5 - 232 销售成本计算表

② 点击任务栏中的"填制单据"按钮。

(3) 审核单据。

全选资料,点击"下一步",找白皋珠会计主管审核,审核完毕,点击任务栏中的"审核单据"按钮。

(4) 填制凭证。

① 全选资料,点击"下一步",办理。

② 领取并填制凭证,执行"单据库"→"会计凭证类"→通用凭证 2 张→"就拿这些"命令,关闭对话框。在右边单据列表中选择"通用凭证",打开并填列,点击"保存",制单人签章。

【注意】

填制凭证时一定要看企业资料的会计科目要求。

③ 单击任务栏中的"填制凭证"按钮。

(5) 审核凭证。

全选资料,点击"下一步",找白皋珠会计主管审核,审核完毕,点击任务栏中的"审核单据"按钮。

(6) 登记账簿。

① 全选资料,点击"下一步",办理。

② 执行"单据库"→"账簿类"→三栏式明细账簿 4 张、数量金额式明细账 4 张→"就拿这些"命令,关闭对话框。

③ 在右边单据列表中选择"账簿",根据"凭证""销售成本计算表"的资料填列账簿,点击"保存",其他几个账簿按同样方法填制,点击"保存",登完账后记得在凭证上打钩并记账签章。完成后点击任务栏中的"登记账簿"按钮。

5.2.8 期末业务

期末业务主要包括结账、对账、编制各种会计报表,以及记账凭证的汇总和总账的登记等业务操作。

首先选择"业务向导"→"进程"→"期末业务",进入第1个任务:"登记T字账、编制科目汇总表、登记总分类账、编制试算平衡表"。

【任务1】 2019年12月31日,登记T字账,编制科目汇总表,登记总分类账,编制试算平衡表。

【实训要求】

(1) 登记T字账。

(2) 编制科目汇总表。

(3) 登记总分类账。

(4) 编制试算平衡表。

【操作指导】

切换到"加旺电器—总账岗位",进入本任务的第1个实训内容。

(1) **登记T字账**。2019年12月31日,登记利润分配科目和盈余公积科目的T字账。

① 阅读操作界面右边单据列表的信息(记账凭证3张)。

② 领取T字账单据,执行"单据库"→"账簿类"→T字账1张→"就拿这些"命令,关闭对话框。

③ 登记T字账,在操作界面右边单据列表中选择"T字账",进行信息登记,如图5-233所示。

【说明】 本期发生额和期末余额也要填写。

④ 单击"保存"按钮。

⑤ 单击任务栏中的"登记T字账"按钮。

点击左上角"业务向导"→"进程",进入本任务的第2个实训内容。

(2) **编制科目汇总表**。2019年12月31日,根据T字账编制科目汇总表。

① 阅读操作界面右边单据列表的信息(T字账5张)。

② 领取科目汇总表,执行"单据库"→"账簿类"→科目汇总表→"就拿这些"命令,关闭对话框。

③ 登记科目汇总表,在操作界面右边单据列表中选择"科目汇总表",进行信息登记,如图5-234所示。

本年利润

借		贷	
期初余额		期初余额	5707493.32
记-094	2913623.30	记-093	4869480.00
记-095	38927.00		
记-096	102075.19		
记-097	272407.30		
记-098	2297.05		
记-099	385037.54		
记-100	6862605.94		

图 5 - 233　T 字账

联次：存根联

科目汇总表

2019 年 12 月 01 日至 12 月 31 日

编号: 012		附件共 5
凭证号数 102	第 001	号至 102
	第	号至
	第	号至

会计科目	总页	借方金额（十亿千百十万千百十元角分）	贷方金额（十亿千百十万千百十元角分）	会计科目	总页	借方金额（十亿千百十万千百十元角分）
库存现金		5018000	712350	主营业务收入		486948000
银行存款		428284540	1810687620	主营业务成本		291362330
其他货币资金		10000000	10000000	税金及附加		3892700
应收票据		15820000	15820000	销售费用		10207519
应收账款		541150240	391171840	管理费用		27240730
预付账款		3600000		财务费用		229705
其他应收款		386000	350000	所得税费用		38503754
原材料		284730000	208640100			
库存商品		375100777	371746901			

图 5 - 234　科目汇总表

【说明】 本期发生额和期末余额也要填写。

④ 单击“保存”按钮。

⑤ 单击任务栏中的“编制汇总表”按钮进入审核汇总表，选择其他人办理，点击“下一步”即可。

⑥ 找到财务经理审核，无误后点击任务栏中的“审核汇总表”按钮，就可完成任务。

点击左上角“业务向导”→“进程”，进入本任务的第 3 个实训内容。

(3) **登记总分类账**。2019 年 12 月 31 日，根据相关单据登记总分类账。

① 阅读操作界面右边单据列表的信息(科目汇总表，1—11 月累计发生额)。

② 领取总账，执行“单据库”→“账簿类”→总账 3 张→“就拿这些”命令，关闭对话框。

③ 登记总账，在操作界面右边单据列表中选择“库存现金总账”，进行信息登记。同理，银行存款和其他货币资金总账的登记方法与此相同，如图 5 - 235 所示。

【注意】

根据科目汇总表的发生额填就可以了，期初数可以查看 1—11 月累计发生额。

总分类账

科目:库存现金

2019年		凭证		摘要	借方										贷方										借或贷	余额										√
月	日	字	号		亿	千	百	十	万	千	百	十	元	角	分	亿	千	百	十	万	千	百	十	元	角	分		亿	千	百	十	万	千	百	十	元	角	分	
11	30			承前页					3	5	9	0	0	0	0					3	5	6	1	7	5	0	借						4	9	5	1	4	5	
12	31	科汇	012	本期发生额					5	0	1	8	0	0	0						7	1	2	3	5	0	借						4	8	0	0	7	9	5	

图 5‐235 总分类账

④ 单击"保存"按钮。

⑤ 点击右边单据科目汇总表"记账"签章,保存。

⑥ 单击任务栏中的"登记账簿"按钮,完成任务。

点击左上角"业务向导"→"进程",进入本任务的第 4 个实训内容。

(4) **编制试算平衡表**。2019 年 12 月 31 日,根据科目汇总表编制试算平衡表。

① 阅读操作界面右边单据列表的信息(科目汇总表、试算平衡表)。

② 在右边单据列表中选择"试算平衡表"并打开,根据科目汇总表填列,如图 5‐236 所示。

试算平衡表

户名	期初余额借方	期初余额贷方	发生额借方	发生额贷方	期末余额借方	期末余额贷方
库存现金	4951.45	0	50180	7123.5	48007.95	0
银行存款	147690.75	0	4282845.4	1810687.62	2619848.53	0
其他货币资金	0	0	100000	100000	0	0
应收票据	0	0	158200	158200	0	0
应收账款	9037404.62	0	5411502.4	3911718.4	10537188.62	0
预付账款	0	0	36000	0	36000	0
其他应收款	0	0	3860.00	3500.00	360	0
原材料	967283.04	0	2847300	2086401	1728182.04	0
库存商品	1087884.35	0	3751007.77	3717469.01	1121423.11	0
发出商品	0	0	587106.8	196611.53	390495.27	0
委托加工物资	62763.4	0	40872.44	103635.84	0	0
周转材料	8800	0	0	6980	1820	0

图 5‐236 试算平衡表

【说明】 发生额和余额都要填写,时间也要记得填写。

③ 单击"保存"按钮。

④ 单击任务栏中的"编制试算平衡表"按钮,完成任务。

选择左上角"业务向导"→"进程"→"期末业务",进入第 2 个任务:"编制资产负债表、利润表、现金流量表、所有者权益变动表"。

【任务 2】 2019 年 12 月 31 日,北京加旺电器有限公司期末编制资产负债表、利润表、现金流量表、所有者权益变动表。

【实训要求】

(1) 编制资产负债表。

(2) 编制利润表。

(3) 编制现金流量表。

(4) 编制所有者权益变动表。

【操作指导】

切换到"加旺电器—总账岗位",进入本任务的第 1 个实训内容。

(1) **编制资产负债表**。2019 年 12 月 31 日,北京加旺电器有限公司期末编制资产负债表。

① 阅读操作界面右边单据列表的信息(科目汇总表、11 月资产负债表)。

② 领取资产负债表,执行"单据库"→"会计报表"→资产负债表 1 张→"就拿这些"命令,关闭对话框。

③ 编制资产负债表,在操作界面右边单据列表中选择"资产负债表",打开并根据科目汇总表和 11 月份资产负债表的数据填表,如图 5 – 237 所示。

资产负债表

会企01表

编制单位:北京加旺电器有限公司 　　　　　　　　　　 2019 年 12 月 31 日 　　　　　　　　　　　　 单位:元

资产	行次	期末余额	上年年末余额	负债和所有者权益(或股东权益)	行次	期末余额	上年年末余额
流动资产:				流动负债:			
货币资金	1	2667856.48	1082496.87	短期借款	35		
交易性金融资产	2			交易性金融负债	36		
衍生金融资产	3			衍生金融负债	37		
应收票据	4			应付票据	38		219865.40
应收账款	5	10537188.62	8062824.62	应付账款	39	3005539.46	10719274.85
应收款项融资	6			预收款项	40		
预付款项	7	36000.00		合同负债	41		
其他应收款	8	360.00		应付职工薪酬	42	445088.37	581060.78

图 5 – 237 资产负债表

④ 单击"保存"按钮,制表人盖章并保存。

⑤ 点击任务栏中的"编制报表"按钮,进入界面找财务经理王方审核办理。

⑥ 单击任务栏中的"审核报表"按钮,下一步找总经理孙涛审核报表,签字。

⑦ 单击任务栏中的"审核报表"按钮,完成任务。

点击左上角"业务向导"→"进程",进入本任务的第 2 个实训内容。

(2) **编制利润表**。2019 年 12 月 31 日,北京加旺电器有限公司期末编制利润表(12 月财务费用中利息费用为 2 583.33 元,利息收入为 165 元)

① 阅读操作界面右边单据列表的信息(科目汇总表、1—11 月利润表和上年利润表)。

② 领取利润表,执行"单据库"→"会计报表"→利润表 1 张→"就拿这些"命令,关

闭对话框。

③ 编制利润表,在操作界面右边单据列表中选择"利润表"打开并根据科目汇总表、1—11月利润表和上年利润表的数据来填年度利润表内容,如图 5 - 238所示。

现金流量表

编制单位:**北京加旺电器有限公司**　2019年度　会企03表　单位:元

项　目	注释	本 期 金 额	上 期 金 额
一、经营活动产生的现金流量:			
销售商品、提供劳务收到的现金	1	30540710.40	7457917.59
收到的税费返还	2		
收到其他与经营活动有关的现金	3	914368.60	2269637.98
经营活动现金流入小计	4	31455079.00	9727555.57
购买商品、接受劳务支付的现金	5	19990938.93	4690432.96
支付给职工以及为职工支付的现金	6	6649887.82	3492222.66
支付的各项税费	7	2522990.61	1040179.21
支付的其他与经营活动有关的现金	8	705902.03	101103.46
经营活动现金流出小计	9	29869719.39	9323938.29
经营活动产生的现金流量净额	10	1585359.61	403617.28

图 5 - 238　利润表

【注意】

还要考虑题目给出的利息等相关信息。

④ 单击"保存"按钮,制表人盖章并保存。

⑤ 单击任务栏中的"编制报表"按钮,进入界面找财务经理王方审核办理。

⑥ 单击任务栏中的"审核报表"按钮,点"下一步",找总经理孙涛审核报表,签字。

⑦ 单击任务栏中的"审核报表"按钮,完成任务。

点击左上角"业务向导"→"进程",进入本任务的第3个实训内容。

(3) **编制现金流量表**。2019 年 12 月 31 日,北京加旺电器有限公司期末编制现金流量表。其中,"支付的其他与经营活动有关的现金"采用倒挤法填列。

① 阅读操作界面右边单据列表的信息(资产负债表、利润表和现金流量表补充资料)。

② 领取现金流量表,执行"单据库"→"会计报表"→现金流量表1张→"就拿这些"命令,关闭对话框。

③ 编制现金流量表,在操作界面右边单据列表中选择"现金流量表",打开并根据资产负债表、利润表和现金流量表补充资料的数据来填写现金流量表内容,如图5 - 239所示。

【说明】 可以按照现金流量表的项目来找相关的数据填列。

④ 单击"保存"按钮,制表人盖章并保存。

现金流量表

编制单位： 北京加旺电器有限公司 　　2019年度　　　　　　　会企03表　单位：元

项　目	注释	本 期 金 额	上 期 金 额
一、经营活动产生的现金流量：			
销售商品、提供劳务收到的现金	1	30540710.40	7457917.59
收到的税费返还	2		
收到其他与经营活动有关的现金	3	914368.60	2269637.98
经营活动现金流入小计	4	31455079.00	9727555.57
购买商品、接受劳务支付的现金	5	19990938.93	4690432.96
支付给职工以及为职工支付的现金	6	6649887.82	3492222.66
支付的各项税费	7	2522990.61	1040179.21
支付的其他与经营活动有关的现金	8	705902.03	101103.46
经营活动现金流出小计	9	29869719.39	9323938.29
经营活动产生的现金流量净额	10	1585359.61	403617.28

图 5‑239　现金流量表

⑤ 点击任务栏中的"编制报表"按钮，进入界面找财务经理王方审核办理。

⑥ 单击任务栏中的"审核报表"按钮，点"下一步"，找总经理孙涛审核报表，签字。

⑦ 单击任务栏中的"审核报表"按钮，完成任务。